U0937271

一句话让人跳，一句话让人笑。

把话说到点子上

宿文渊 / 编著

图书在版编目（CIP）数据

把话说到点子上 / 宿文渊编著 . -- 长春 : 吉林文史出版社 , 2019.2（2024.10 重印）

ISBN 978-7-5472-5897-2

Ⅰ. ①把… Ⅱ. ①宿… Ⅲ. ①语言艺术－通俗读物 Ⅳ. ①H019-49

中国版本图书馆 CIP 数据核字（2019）第 022185 号

把话说到点子上

出 版 人　张　强

编　　著　宿文渊

责任编辑　弭　兰

封面设计　韩立强

封面供图　全景网

出版发行　吉林文史出版社

地　　址　长春市净月区福祉大路5788号出版大厦

印　　刷　天津海德伟业印务有限公司

开　　本　880mm × 1230mm　1/32

印　　张　6

字　　数　130千

版　　次　2019年2月第1版

印　　次　2024年10月第5次印刷

书　　号　ISBN 978-7-5472-5897-2

定　　价　49.80元

前言

PREFACE

随着社会的发展，人们的文化视野、交际视野开阔了，有越来越多的场合需要公开地发表意见，用语言来打动别人。说话不仅成了人们日常生活的一个重要组成部分，更是人们事业成败的一个举足轻重的先决条件。自我推荐、介绍产品、主持会议、商务谈判、交流经验、鼓励员工、化解矛盾……无不依赖一个人的说话能力。在现代社会里，人之离不开说话，犹如鱼离不开水。正如一句话说的那样："人生不外言动，除了动就只有言，所谓人情世故，一半是在说话里。"

俗话说："一句话让人跳，一句话让人笑。"说话是一种技巧，更是一门艺术。一句说到点子上的话，可以改变一个人的命运；一句言不得体的话，可以毁掉一个人的一生。会说话的人，用语精当、善于辞令，一语中的，可以流利地表达自己的意图、掌握对方的意图，加强相互间的了解，建立起良好的关系，达到预期的目的，使得自己赢得主动。他们的一句话可以说服别人，让对方"俯首称臣"；一句话可以震撼全场，获得热烈掌声；一句话可以打动客户，赢得财源广进；一句话可以逆转谈判、顺利签约；一句话可以打动面试官，获得高薪靓职；一句话可以征服下属，提高公司效益；一句话可以赢得人心，朋友遍天下；一句话可以打动芳心，收获爱情……真可谓，会说话，一句顶一万句。而那些不会说话的人，笨嘴拙舌、言不达意，说出很多废话、蠢话，不能与别人进行有效的沟通，即使说一万句，也没有用，不仅会坐失良机，也很难在事业上有出人头地的发展，若出言不当还会立刻四面楚歌。

杰出的说话能力不是天生的，而是可以通过后天培养训练的。本书将理论与实践相结合，以通俗易懂的语言深入浅出地论述了如何把话说到点子上的艺术。从理论上，讲述了练就说话艺术的重要性、提高说话技巧的途径和方法。在实践上，指导读者把握好说话的分寸，让每一句话都说得恰到好处；掌握与陌生人、同事、老板、客户、朋友、爱人、孩子、父母、对手等不同的人说话的技巧，让每一句话都说得恰如其分；掌握在求职面试、谈判、演讲、电话交谈、尴尬时刻、危急时刻、宴会应酬及应酬亲友等不同场景下的说话艺术，让每一句话都说在点子上；把自己想说的变成对方想听的，让每一句话都有吸引力；巧妙说“不”，让拒绝也动听；用最讨人喜欢的说话方式说话，让每一句话别人听着都舒服；说好难说的话，让每一句话都有四两拨千斤的力量。希望通过本书，读者可以掌握各种情景下的说话艺术，练就高超的沟通技巧，靠会说话赢得发展、提升的机遇，轻松应对生活中的尴尬场景，扩大自己的交际范围，赢得自己的友谊和爱情，踏上辉煌的成功之路。

目录
CONTENTS

第一章

话不在多，关键要说到点子上

BA HUA
SHUO DAO
DIANZI SHANG

话不在多，点到为止

事情有缓急，说话有轻重。有些人在日常交际中，对问题缺乏理智，不考虑后果，一时性起，说话没轻没重，以致说了一些既伤害他人，也不利自己的话。

有一对夫妻吵架，两人唇枪舌剑，各不相让，最后丈夫指着妻子厉声说："你真懒，衣服不洗，碗也不刷，你以为你是千金小姐呢，什么都不会，脾气还挺大，要你有什么用，不如死了算了。"妻子一气之下割脉自尽，丈夫后悔已经来不及了。

这样的例子在日常生活中屡见不鲜。这类说"过"了、说"绝"了的话，虽然有一些是言不由衷的气话，但是对方听来，却很伤心，故常常引起争吵、嫉恨，甚至反目成仇。俗话说"过火饭不要吃，过头话不要说"，"话不要说绝，路不要走绝"，正是对上述不良谈吐的告诫。

如果听话人是一个非常明白事理的人，你说的话就不必太重，蜻蜓点水，点到即止，一点即透，因为对方就像一面灵通的"响鼓"，鼓槌轻轻一点，就能产生明确的反应。对这样的人，你何必用语言的鼓槌狠狠地擂他呢？

赵明是工厂的一名班组长，最近他的班组调来一个名叫王楠的人，别人对王楠的评语是：时常迟到，工作不努力，以自我为中心，喜欢早退。过去的班长对王楠都束手无策。第一天上班，王楠就迟到了5分钟，中午又早5分钟离开班组去吃饭，下班铃声响前的10分钟，他已准备好下班，次日也一样。赵明观察了一段时间，发现王楠缺乏时间观念，但工作效率极佳，而且成品优良，在质管部门都能顺利通过。于是，赵明对王楠微笑着说："如果你的时间观念和你的工作效率同样优秀，那么你将成为一个完美的人。"以后赵明每天都跟王楠说这句话。时间久了，王楠反而觉得过意不去了，心想：过去的班长可能早就对我大发雷霆了，至少会斥责几句，但现在的班长毫无动静。

感到不安的王楠，终于决定在第三周星期一准时上班，站在门口的赵明看到他，便以更愉快的语气和他打招呼，然后对换上工作服的王楠说："谢谢你今天能准时上班，我一直期待这一天，这段日子以来你的成绩很好，如果你发挥潜力，一定会得优良奖。"

赵明对待王楠的迟到，没有采取喋喋不休的方式批评，而是点到为止，让其自动改正错误。

小宋是一位小学语文教师，他不满某些社会现象，爱发牢骚，甚至在课堂教学中有时也甩开教学内容，大发其牢骚。很显然，他缺乏教师这个角色应有的心理意识。校长了解这种情况后，与他进行了一次交谈。校长说："你对某些社会不良风气反感，对教师经济待遇低表示不满，这是可以理解的。心中有气，尽管对我发吧，但是请你千万不能在课堂上发牢骚。少年的心灵本是纯真幼稚的，他们对有些事缺乏完全的了解和认识，你与其发牢骚，何不把那份精力用来给学生讲讲如何振兴祖国？这才是一个称职的教师应该做的。”听了校长这一番语重心长的话，小宋认识到当教师确实不能随意把这种牢骚满腹的心理状态表现出来，不然，对学生会产生不良的影响。从此以后，再也没有听说他在课堂上发牢骚了。

同样，校长如果不把握说话的轻重，直接说：“你这样做是缺乏修养的表现，不配做一个教师。”那么结果又会怎样呢？

说话要把握轻重，点到为止，给人留住面子，才能起到说话的原本目的。

不要在别人面前喋喋不休

嘴巴能安慰一个人，也能伤害一个人。当你管不住嘴巴，没完没了地自说自话时，你就如同一只苍蝇一样，令倾听者感到厌烦，你将很难给人留下好印象。

一百多年前，美国著名的罗克岛铁路公司打算修建一座大桥，把罗克岛和达文波特两个城市连接起来。当时，轮船是运输小麦、熏肉和其他物资的重要工具。所以，轮船公司把水运权当成上帝赐予他们的特权。一旦铁路桥修建成功，自然也就断了他们的财路。因此轮船公司竭力对修桥提案进行阻挠。于是，美国运输史上最著名的一个案子开庭了。

时任轮船公司辩护律师的韦德，是当时美国法律界很有名的铁嘴。法庭辩论的最后一天，听众云集。韦德站在那儿滔滔不绝，足足讲了两个小时。

等到罗克岛铁路公司的律师发言时，听众已经显得非常不耐烦了。这正是韦德的计谋，他想借此击败对手。然而，令韦德意外的是那位律师只说了一分钟——不可思议的一分钟，这个案子就此闻名。

只见那位律师站起身来平静地说：“首先，我对控方律师的滔滔雄辩表示钦佩。然而，陆地运输远比水上运输重要，这是任何人都改变不了的事实。陪审团，你们要裁决的唯一问题是，对于未来的发展而言，陆地运输和水上运输哪一个更重要？”片刻之后，陪审团做出裁决，建桥方获胜。那位律师高高瘦瘦，衣衫简陋，他的名字叫作亚伯拉罕·林肯。

韦德之所以用两个小时滔滔不绝地说，既是为了炫耀他的口才，也是存心在拖延时间，好让林肯在发言的时候让听众感到厌烦。但是他不仅错估了听众厌烦的剧烈程度，而且也低估了对手林肯的机智反应。这样一来，相比较林肯的言简意赅，韦德的慷慨陈词不但没能加深陪审团的印象，反而越发惹人生厌。

如何以最简单的语言表达最清楚的意思，是说话的一个难题。在推销中这方面也显得尤为突出。当一个素不相识的推销员向你推销时，你一般都不会轻易接受，如果他喋喋不休，则更加令人难以忍受。所以言简意赅是谈话时需要特别注意的原则。

著名推销员克里蒙·斯通说："起初，我一直试着向每一个人推销。我赖在每一个人面前不走，直到把对方烦得累垮。而我在离开他之后，也是筋疲力尽。"很显然，这样做的效果对于推销业绩无所助益。

后来，克里蒙·斯通决定："并不一定要向每一个我拜访的人推销保险。如果推销的时间超过预定的长度，我就要转移目标。为了使别人快乐，我会很快地离开，即使我知道如果再磨下去他很可能会买我的保险。"

谁知这样做竟然产生了奇妙的效果，克里蒙·斯通的订单竟然与日俱增。因为有些人本来以为他会磨下去的，但当他愉快地离开他们之后，他们反而会来找他，并且说："你不能这样对待我。每一个推销员都会赖着不走，而你居然不再跟我说话就走了。你回来给我填一份保险单。"

任何人都不喜欢别人喋喋不休地向自己宣传，也不希望对方夸夸其谈，毫不在意自己的感受。很多时候，你在发表自己的言论时，其实决定权在对方的手中，因为他是受众，当他肯定了你的言论，你说的话才是有效可行的。所以如果你经常啰唆不已，就要记得提醒自己不要去浪费别人的时间。

把握说话时机，顺理成章地表达自己的观点

孔子在《论语·季氏》里说："言未及之而言谓之躁，言及之而不言谓之隐，未见颜色而言谓之瞽。"这句话有两层意思：一是不该说话的时候说了，叫作急躁；二是应该说话的时候却不说，叫作隐瞒；三是不看对方的脸色变化，贸然信口开河，叫作睁着眼睛瞎说。

这三种毛病都是没有把握好说话的时机，没有注意说话的策略和技巧。说话是双方的交流，不是一个人的单方面行为，它受到各方面条件的制约，如说话对象、周边环境、说话时间等，所以说话要把握时机。如果该说的时候不说，时机转瞬即逝，便失去了成功的机会。同样的，如果不顾说话对象的心态，不注意周边的环境气氛，不到说话的火候却急于抢着说，很可能引起对方的误解。如果信口开河，乱说一通，后果就更加严重。所以说话时机掌握好了是相当重要的。

没有掌握最恰当的说话时机，不论话的内容有多么精彩，也不会有任何积极的意义，这就犹如一个有着强健体魄、良好技艺的棒球运动员，没有掌握好击球的瞬间，挥棒只会落空。

例如，某学校为两位退休老教师举行欢送会。会上，领导

非常得体地赞扬了两位的工作和为人。但是，两相比较之下，其中那位多次获得过“先进”的老教师得到了更多的美誉。这让另一位老教师感到相当难过，所以在他讲完感谢的话以后，又接着说：“说到先进，我这辈子最遗憾的是，我到现在为止一次都没有得过……”这时，另外一位平日里与他不合的青年教师突然开口说：“不，不是你不配当先进，是因为我们不好，都没有提你的名。”一时间，原本会场上温馨感动的气氛被尴尬所取代。领导一看气氛不对，马上接过话说：“其实，先进只是一个名义罢了，得没得过先进并不重要，没有评过先进，并不代表你不够先进，我们最重要的还是要看事实……”这位领导本来是想要缓和一下气氛，但是反而使局面更糟糕。

其实，会场的气氛之所以会如此尴尬，最主要的还是退休老教师、青年教师以及领导他们三人没有掌握好说话的时机。就算自己心里有多少遗憾，这位退休老教师也不应该在欢送会这样的场合中讲出来。对于那位青年教师，也不应该在这样的场合上为了图一时之快，说一些刻薄的话。领导在出现尴尬的时候，也应该极力避开这个敏感话题，而不是继续在这个话题上唠叨不休。

所以，说话要注意时机，把握说话时机非常重要。我们要在不同的时间、地点、人物面前说合适的话，该说话时才说话，而且要说得体的话。只要我们有充分的耐心，积极进行准备，等待条件成熟，顺理成章地表达自己的观点，既能使对方开心，又能令自己舒心。

顺势而言，曲线说话——说话曲直应有度

与人说话要讲究方圆曲直，该说的说，不该说的就不要出口。特别是在某些场合，如果把话说得太直、太透，可能会引起对方的不满，或者对自己产生不利的影响。这时，曲线说话的方式就能颇为容易地表达我们的观点，又不会令对方颜面大失。

古时候，有一个县官很喜欢附庸风雅，尽管画术不佳，但画画的兴致很高。他画的虎不像虎，反而像猫。并且，他每画完一幅画，都要在厅堂内展出示众，让众人评价。大家只能说好话，不能说不好听的话，否则，就要遭受惩罚。

有一天，县官又完成了一幅“虎”画，悬挂在厅堂，召集全体衙役来欣赏。

县官得意地说：“各位瞧瞧，本官画的虎如何？”

众人低头不语。县官见无人附和，就点了一个人说：“你来说说看。”

那人战战兢兢地说：“老爷，我有点儿怕。”

县官说：“怕，怕什么？别怕，有老爷我在此，怕什么？”

那人说：“老爷，你也怕。”

县官说：“什么？老爷我也怕。那是什么，快说。”

那人说：“怕天子。老爷，你是天子之臣，当然怕天子呀！”

县官说：“对，老爷怕天子，可天子什么也不怕呀！”

那人说：“不，天子怕天！”

县官说：“天子是天老爷的儿子，怕天，有道理。好！天老爷又怕什么？”

那人说：“怕云。云会遮天。”

县官说：“云又怕什么？”

那人说：“怕风。”

县官说：“风又怕什么？”

那人说：“怕墙。”

县官说：“墙怕什么？”

那人说：“墙怕老鼠。老鼠会打洞。”

县官说：“那么，老鼠又怕什么呢？”

那人说：“老鼠最怕它！”那人指了指墙上的画。

被点名的差役没有直接说县太爷画的虎像猫，而是绕着弯说话。让县官在众人面前保住了脸面，又让自己避免了一场劫难。就算县官闻言哭笑不得，也不好意思当面责罚他。

差役所采取的说话方法正是“顺水推舟法”。顺势而言，曲线说话，是人们在与别人交谈或争论时解决问题的较佳办法。

实话要巧说，坏话要好说

在生活中，人与人之间交流是避免不了的，同时说话的双方都希望对方能对自己实话实说。但在某些特定的场合下，顾及面子、自尊，以及出于保密等需要，实话实说往往会令人尴尬、伤人自尊，因此，实话是要说的，但应该巧说。

两个人的意见产生了分歧，如果实话实说直接反驳，就有可能伤了和气。这时候就需要巧妙地表达自己的意见。

一次事故中，主管生产的副厂长老马左手指受了伤被送往医院治疗，厂长老丁来看望时，谈到了车间小吴和小齐两个年轻人技术水平较强，但组织纪律观念较差，想让他们下岗一事。老马当时没有表态，只是突然捧着手"哎哟哎哟"大叫。丁厂长忙问:"疼了吧？"老马说:"可不是，实在太疼了，干脆把手锯掉算了。"老丁一听忙说:"老马，你是不是疼糊涂了，怎么手指受了伤就想把手给锯掉呢。"老马说:"你说得很有道理，有时候，我们看问题，往往因注重了一方面而忽视了另一方面啊。老丁，我这手受了伤需要治疗，那小吴和小齐……"老丁一下子听出老马的"弦外之音"，忙说:"老马，谢谢你开导我，小吴和小齐的事我知道该怎么处理了。"

老马用手受伤需要治疗类比人有缺点需要改正，进而巧妙地把用人和治病结合起来，既没因为直接反对老丁伤了和气，而且又维护了团结，成功地解决了问题。

说话是一门应当用心钻研的艺术，说实话需要语言的修饰，要巧妙地表达自己的意思，尤其是说一些“坏话”时，更要用心选择恰当的方式。

林肯当总统期间，有人向他引荐某人为阁员，因为林肯早就了解到此人品行不好，所以一直没有同意。

一次，朋友生气地问他，怎么到现在还没结果。林肯说，我不喜欢他那副“长相”。

朋友一惊，说道：“什么！那你也未免太严厉了，‘长相’是父母给的，也怨不得他呀！”

林肯说：“不，一个人超过四十岁就应该对他脸上那副‘长相’负责了。”

朋友当即听出了林肯的话中话，再也没有说什么。

很显然，这里林肯所说的“长相”和他朋友所说的“长相”，根本不是一回事。林肯巧妙地利用词语的歧义性，引出了“这个人品行道德差，我不同意他做阁员”这句大实话，既维护了朋友的面子，又达到了自己的目的。

不要吐出没有风度的言辞

风度是一个人涵养的外在表现，说话有风度是一个人内在气质的言语表现。增强自己说话魅力的一个重要途径就是增加自己说话的风度。一个说话有风度的人，会令人仰慕不已、倾心无比。正如德国戏剧家莱辛所说："风度是美的特殊再现形式。"

孔子说："文质彬彬，然后君子。"风度正是外在语言和内在气质的恰当配合。首先，风度是一种品格和教养的体现。如果一个人没有高尚的道德情操，没有一定的文化修养，没有优雅的个性情趣，其说话必然是粗俗鄙陋、琐碎不雅的。其次，风度是一种性格特征的表现。比如性格温柔宽容、沉静多思的人，往往寥寥几句的轻声细语就能包含浓烈的感情成分；而粗犷豪放、性情耿直者，则说话开门见山、直来直去。再次，风度是涵养的一种表现。这主要表现在处理人际关系时，不卑不亢，雍容大度。最后，风度是一个人说话的遣词造句、语气腔调、手势表情等的综合表现。如法官在法庭说话时，往往会正襟危坐、不苟言笑、咬文嚼字、逻辑缜密。

说话的风度是多种多样、丰富多彩的。洋洋洒洒、侃侃而谈是风度，只言片语、适时而发也是风度；谈笑风生、神采飞扬是风度，温文尔雅、含而不露也是风度；解疑答难、沉吟再三是风度，话题飞转、应对如流也是风度；轻声慢语、彬彬有礼是风度，慷慨陈词、英风豪气也是风度。每个人在培养自己说话的风度时，应根据自己的性格特征、情趣爱好、思维能力、知识结构等有所选择。另外，同样一个人，在不同的场合和不同的环境下，其说话的风度也是不同的。比如，教师在课堂上讲课与在家里跟家人闲聊时，就会表现出两种截然不同的风度。

说话的风度是人的一种自然特色，是与时代相吻合的。我们反对脱离时代追求风度；我们也反对脱离自己的个性、身份去讲究风度。任何东施效颦、搔首弄姿、没有个性的说话都毫无风度可言。

由上述言论我们应该看到，是风度决定了语言的高度和延续程度。跟一个完全没有风度的人说话，就正应了“话不投机半句多”的老话。所以，培养良好的谈吐风度对于每个人来说都很重要。

说话要言之有物，不要夸夸其谈

有些人讲话，常常不考虑听者的感受，也不让他人有讲话的机会，所以容易引起他人的不满。其实，话语不在多少，只要恰到好处地说到“点儿”上即可，说多了反而会引起别人的反感。

古人言：“劳谦虚己，则附之者众；骄慢倨傲，则去之者多。”善于交际的人往往虚怀若谷，在谈话中给别人留一片天地，而自以为是之人常常口若悬河，夸夸其谈，不给别人留说话的空间。后者把自己看得很重，常常会让别人敬而远之，而前者常常把自己放得很低，虚心接受，自然会赢得大家的尊重。社交中多一点儿谦和、谦虚、谦让、谦恭能让你在危急时刻获得绝处逢生的机会。

科学史上有过这样一件事：一个年轻人想到大发明家爱迪生的实验室里工作，爱迪生接见了他。这个年轻人为表示自己的雄心壮志，说：“我一定会发明出一种万能溶液，它可以溶解一切物品。”爱迪生便问他：“那么你想用什么器皿来盛放这种溶液呢？”

年轻人正是把话说绝了，陷入了自相矛盾的境地。如果将“一切”换为“大部分”，爱迪生便不会反诘他了。

词用对了，修饰程度不同，说起来分寸就不一样。如“好”一词，可以修饰为“很好”、“非常好”、“最好”、“不好”、“很不好”等，这些词的使用要慎重。

好的修饰词能使意思表达完整，恰到好处；过于夸张或过于缩小的修饰词，则会与客观实际相冲突。屠格涅夫的小说《罗亭》中，皮卡索夫与罗亭有一段对话：

罗：妙极了！那么照您这样说，就没有什么信念之类的东西了？

皮：没有，根本不存在。

罗：您就是这样确信的吗？

皮：对。

罗：那么，您怎么能说没有信念这种东西呢？您自己首先就有一个。

因此，遇到没有把握的事，一定要多用“可能”、“也许”、“或者”、“大概”、“一般”等模糊意义的词，为自己的判断留有余地。

话多的人不一定智慧多。在人际沟通中，说话切记不要旁若无人，滔滔不绝地讲个不停，应该给人留余地，让别人也有讲话的机会，这才是智者所为。

第二章

对症下药，说服他人一语胜千言

BA HUA
SHUO DAO
DIANZI SHANG

把话说到对方的心窝里

日本有一个这样的故事。真田广之替已过世的父亲守灵。

他的老家离东京很远，即使坐电车也要花3个钟头，而且那时的电车还不像现在这样每一小时发一班车，所以可以说交通很不方便。当时他心里想：外地的亲戚朋友是不可能前来凭吊的了。但出乎意料的是，在整个晚上都没有任何一个亲属到来的情况下，一个女子突然出现在他的面前。

“田中小姐，你怎么来了……”

当时真田简直感动得难以言表，因为她不过是他的一名同事而已，真难以想象她会在下班之后，搭乘电车赶到他的老家来。况且当时天色已经很晚，她又不太认得路，肯定是挨家挨户询问才找到他家的。“你经常来这里？”

“不，今天是第一次，我只是想来凭吊一番……”

“太谢谢你了，太谢谢你了！”

真田简直感动得不知道该说什么才好，心想，她是个多么好的同事啊！这位同事的确拥有很好的人际关系，在公司里，不论男女都是这么认为的。她得到了大家的信任，只要是她说的话，大家都认为不会错，而且也愿意按照她说的去做。这同时也表示，她是个说服力极强的人。

经过那晚的谈话，真田明白了她之所以说服力极强的秘密。平时别人遇到什么麻烦，田中小姐总是会伸出援助之手，这令所有人都为之感动。先得了人心，别人自然会心甘情愿听她的话。

可能平时我们没有太多时间和精力去助人为乐，但该事例告诉了我们一个关键信息，就是说服他人的核心点在于征服他人的内心，使对方在情感上有所共鸣。

文学家李密，曾在蜀汉时担任过尚书郎的官职，蜀汉灭亡后，居家不出。晋武帝知道他有才干，便下诏命他进朝为太子洗马，但李密拒绝了。为此，晋武帝大怒。在这种情况下，李密写了一封信给晋武帝。

“……我想圣明的晋朝是以孝来治理天下的，凡是年老之人，都得到了朝廷的怜恤和照顾，何况我祖孙孤零困苦的情况特别严重。

“我年轻的时候在蜀汉朝做官，任职郎中，本来就希望仕途显达，并不矜持名声节操。现在我是败亡之国的低贱俘虏，身份卑微的人，受到过分的提拔，宠幸的委命已经非常优厚，哪里还敢迟疑徘徊，有更高的渴求呢？

“只是因为我祖母刘氏如西山落日，已经是气息短促，生命不长。我如没有祖母的抚育，就难以有今日。祖母如失去了我的奉养，也就无法多度余日。祖孙二人相依为命，因此我实在不能抛开祖母离家远行。

“微臣李密今年44岁，祖母刘氏今年96岁。这样，我为陛下尽忠效力的日子还长，而报答祖母的养育之恩的日子短呀！故此我以这种乌鸦反哺的私衷，乞求陛下准允我为祖母养老送终。

“恳请陛下怜恤我的一片愚诚，慨允我微小的志愿，使祖母刘氏可以侥幸保其晚年，我活着也将以生命奉献陛下，死后也要结草图报。臣内心怀着难以承受的惶恐，特地作此书，奏闻圣上。”

这就是流传百世的《陈情表》。将心比心，以情说理，李密在柔言细语中陈述自己的处境。武帝颇为感动，心头的怒火也自然平息了，他还赐给李密奴婢二人，并令郡县供养其祖母。

杰克·凯维是加利福尼亚州一家电气公司的一位科长，他一向知人善任，并且每当推行一个计划时，总是不遗余力地率先做榜样，将最困难的工作承揽在自己的身上，等到一切都上了轨道之后，他才将工作交给下属，而自己退身幕后。虽然他这种处理事情的方法是很好的，但他太喜欢为他人做表率，所以常常让人觉得他似乎太骄傲了。

最近不知怎么回事，一向精神奕奕的凯维却显得无精打采。原来最近的经济极不景气，资金方面周转不灵，再加上预算又被削减，使得科里的运转差点儿停顿。这种情形若继续下去，后果一定不可收拾。于是他实施了一套新方案，并且鼓励职工：“好好干吧！成功之后一定不会亏待你们的。”但没想到眼看就要达到目标，结果还是功亏一篑，也难怪他会意志消沉了。平日对凯维就极为照顾的经理看了这些情形后，便对他说："你最近看起来总是无精打采的，失败的挫折感我当然能够理解，但是我觉得你之所以会失败，乃是因为你只是一味地注意该如何实现目标，却忽略了人际关系这种软体的工程，如果你能多方考虑，并多为他人着想，这种问题一定能够迎刃而解。"经理停顿了一下，又接着说："大丈夫要能屈能伸，才是一个好的管理人员。我觉得你就是进取心太急切了，又总喜欢为职工做表率，而完全不考虑他们的立场，认为他们一定能如你所愿地完成工作，结果倒给了职工极大的心理压力。大概也就是因为这个缘故，所以大家都说你虽能干，但你的部属却很为难。每个人当然都知道工作的重要性，所以你实在大可不必再给他们施加压力。你好好休息几天，让精神恢复过来，至于工作方面，我会帮助你的。"

杰克·凯维的一段亲身经历让我们知道，必须站在别人的立场，将心比心才能真正达到说服对方的目的，否则，再多的自信和能力也无法让别人服从你。会打棒球的人都知道，当我们要接球时，应顺着球势慢慢后退，这样的话球劲便会减弱。与此相似，我们在说服他人的时候，如果能将接棒球的那一套运用过来，相信说服会变得更容易。

唐代大诗人白居易说："动人心者莫先于情。"意思是说，要说服人、打动人，必须动之以情，言语必须是诚心诚意的，发自内心，富有人情味和同情心，让人听后觉得你是真心为他好，是设身处地地为他着想，而不是在应付他。相反，冰冷的态度、程式化的言辞，都会引起对方的逆反心理，增加说服的难度。

林肯在当律师时曾碰到这样一件事：

有一位老妇人是美国独立战争时一位烈士的遗孀，每月只靠抚恤金维持风烛残年。前不久出纳员非要她交纳一笔手续费才准领钱，而这笔手续费相当于抚恤金的一半，这分明是勒索。

林肯知道后怒不可遏，他安慰了老妇人，并答应帮助她打这个没有凭据的官司，因为出纳员是口头勒索。

开庭后，因原告证据不足，被告矢口否认，情况显然不妙。林肯发言时，上百双眼睛都盯着他。

林肯首先把听众引入对美国独立战争的回忆，他两眼闪着泪花，述说爱国战士是怎样揭竿而起，又是怎样忍饥挨饿地在冰天雪地里战斗。渐渐地，他的情绪激动了，言辞犹如挟枪带剑，锋芒直指那个企图勒索的出纳员。最后他以严正的设问，作出了令人怦然心动的结论：

“1776 年的英雄早已长眠地下，可是他们那衰老而可怜的遗孀还在我们面前，要求代她申诉。这位老人也曾是位美丽的少女，曾经有过幸福愉快的生活。不过，她已牺牲了一切，变得贫穷无依，不得不向自由的我们请求援助和保护，而这自由是用革命先烈的鲜血换来的。试问，我们能熟视无睹吗？”发言至此，戛然而止。听众早已激动了：有的捶胸顿足，扑过去要撕扯被告；有的泪水涟涟，当场解囊捐款。在听众的一致要求下，法庭通过了保护烈士遗孀不受勒索的判决。

这就是感情的力量。唯有真挚的感情才能打动人、说服人，才能唤起民众、唤醒民心。

婆婆是家里的一把手，财政大权控于掌中，媳妇感到很不愉快。一天晚饭后，她诚恳地对婆婆说："您老人家操管全家的生活真是辛苦。有些事，我们可以办的，您尽管吩咐。现在大家收入增加了，不愁吃穿，生活可以安排得更丰富些。家里的经济收支，您安排得很好，以后您可以让我们试试，如果您觉得不对的地方，也好帮我们改正。"

婆婆非常乐意地接受了媳妇的要求。家庭气氛一如既往，其乐融融。

说服不是一项硬件工程，它需要先让人心动，然后才能把人说动，一切从"心"出发吧！

以"利"服人

你是否会为他人着想，为他人做一点事呢？几乎所有脱离群体、以自我为中心的人，他们的座右铭都是"人不为己，天诛地灭"，这也就是为什么一旦有人优先考虑他人所托之事时，就会传为美谈，而且备受众人称颂和尊重的原因了。因为这样的人实在是太少！

是的，通常我们行动的目的都是“为自己”，而非“为别人”。如果能够充分理解这一点，那么想要说服他人就有如探囊取物般容易了。只要了解对方真正想追求的利益何在，进而满足他的欲望便可达到目的。

肿瘤患者放疗时，每周测一次血常规，有的患者拒绝检查，主要是因为他们没意识到这种监测的目的是保护自己。

一次，护士小王走进4床房间，说：“王大嫂，该抽血了！”

患者拒绝说：“不抽，我太瘦了，没有血，我不抽了！”

小王耐心地解释：“抽血是因为要检查骨髓的造血功能是否正常，例如，白细胞、红细胞、血小板等等，血象太低了就不能继续做放疗，人会很难受，治疗也会中断！对身体也不好。”

患者更好奇地说：“降低了又会怎样？”

小王说：“降低了，医生就会用药物使它上升，仍然可以放疗！你看，别的病友都抽了！一点点血，对你不会有什么影响的。再说还可以补过来呀。”

患者被说服了：“好吧！”

相信很多人都经历过，在说服人或想拜托别人做事情时，不管怎样进攻或恳求对方，对方总是敷衍应付、漠不关心。这时你首先要用利益来唤起对方的关心，然后再说服诱导。在推销方面，推销员为了唤起顾客的注意，并达到80%的购买率，往往是先诱导、后说服。

在英国工业革命方兴未艾时，以发明发电机而闻名的法拉第，为了能够得到政府的研究资助，他去拜访首相。

法拉第带着一个发电机的雏形，非常热心并滔滔不绝地讲述着这个划时代的发明。但首相的反应始终很冷淡，一副漠不关心的样子。

事实上，这也是无可奈何的事情，因为他只是一个了不起的政治家，要他看着这种周围缠着线圈的磁石模型，心里想着这将会带给后世产业结构的大转变，实在是太困难了。但是法拉第在说了下面这段话后，却使原本漠不关心的首相突然变得非常关心起来。他说道："首相，这个机械将来如果能普及的话，必定能增加税收。"

显而易见，首相听了法拉第所说的话后，态度突然有了强烈的转变。其原因就是因为这个发动机，将来一定会获得相当大的利润，而利润增加必能使政府得到一笔很大的税收，而首相关心的就在于此。

在很多人眼里都把利益看成最首要的，那么以"利"服人是一大先决条件。但是，将这条最基本要件抛于脑后的却大有人在，他们没有满足对方最大的利益，一心一意只是想要满足自己的私欲。例如以下这个故事：

日本某酒厂的负责人成功研发了新水果酒，为求尽快让产品打进市场，于是他决定说服社长批准大量生产。

"社长，又有新的产品研发出来了。这次的产品是前所未有的新发明，绝对能畅销。连我都喜欢的东西，绝对有市场性。我敢拍胸脯保证。”

“什么新产品？”

“就是这个，用梨汁酿制的白兰地。”

“什么？梨汁酿的白兰地？！那种东西谁会喝？况且喝白兰地的人本来就少，更甭说用梨汁酿的白兰地……就是我也不会去喝。不行！”

“请您再评估评估，我认为很可行。用梨汁酿酒本来就不多见，再加上梨子有独特的果香，一定很适合现代人的口味。”

“嗯，我觉得还是不行。”

“我认为绝对会畅销……请您再重新考虑一下。”

“你怎么这样唠叨？不行就是不行。”

“好歹也要试试看才知道好坏，这是好不容易才研发出来的呀！”

“够了，滚吧！”

最后，社长终于忍不住发火。这位负责人不仅没能说服社长，反而坏了自己的名声。

该如何做呢？首先应充分考虑对方的利益为何，再考虑自己的利益何在，然后将两者合并起来，找出双方共有的利益所在，最后再着手进行劝说。先不要急着说双方没有共同的利益，一定会有的。重要的是，不要放弃，直到找出为止。

下面我们再看一个例子。卡内基作为钢铁大王却对钢铁制造不甚了解，那么他成功的原因是什么呢？关键就在于他知道如何统御众人。

他知道名字对一个人的重要。当他还是个孩子的时候，在田野里抓到两只兔子，他很快就替它们筑好了窝，但发现没有食物，因此他想到了一个妙计——把邻居小孩找来，如果他们能为兔子找到食物，就以他们的名字来为兔子命名。

这个妙计产生了意想不到的效果，因此卡内基永远也忘不了这个经验。

当卡内基与乔治·波尔曼都在争取一笔汽车生意时，这位钢铁大王又想起了兔子给他的经验。

当时卡内基所经营的中央能运公司正在与波尔曼的公司竞争，他们都想争夺太平洋铁路的生意，但这种互相残杀对彼此的利益都有很大的损害。当卡内基在与波尔曼都要去纽约会见太平洋铁路公司的董事长时，他们在尼加拉斯旅馆碰面，卡内基说："波尔曼先生，我们不要再彼此玩弄对方了。"

波尔曼不悦地说："我不懂你的意思。"

于是，卡内基就把心里的计划说出来，希望能兼顾二者的利益，他描述了合作的好处以及竞争的缺点。波尔曼半信半疑地听着，最后问道："那么新公司要叫什么名字呢？"卡内基立刻答道："当然是叫波尔曼汽车公司啦。"

波尔曼顿时展露了笑容，说道："到我的房间来，我们好好讨论这件事。"

我们都知道说服他人要攻其要害，而逐利就是每个人的通病。

一个人可能会同时具有想去相信人，却并不真正相信别人的两种心态。谨慎而顽固的人多持不信任人的态度，并以这种心态来左右自己的行为。他并不是没有相信人的意念，但他更具有希望人家能信任他的强烈意念。对于这种人，先为他设计一套理由："你这么做，不但对你自己，对他人也是有帮助的。"以此来晓以大义将更有说服力，毕竟利益是多多益善的。

譬如，一位买卖宝石和毛皮的推销员对一个正在犹豫不决的主妇说：

"你用这些东西一定能使你更美，而你的先生也会更喜欢你。"

这句话的含意是说你这么做并非全是为了自己，同时也为了你先生。她必定极乐意买下。如果更进一步地说：

"即使你买了它，若想脱手也能高价卖出，这样对于你的家又何尝没有帮助？"

对方一听，必定会认为她买下这个东西并非为她一人，也是为了家等等。对于一个正在犹豫不决的主妇来说，最好的方法是对她说"不仅对你好，对整个家都好"等类的话语，必定很容易将货品推销出去。

这种方法并非只适用于商场。日本古代名人丰臣秀吉有一次想没收所有农民的刀枪铁器等，但遭到了农民们的激烈反对。由于他们受过太多的欺骗，对那些统治者也早已恨透了，此时若以强压手段必引起农民的反抗。于是他便灵机一动说：“这次我要将这些没收的武器用来制造寺庙用的器材、铁钉等，使民众得以供奉。并且为了国家、为了全民，更需要百姓专心于耕作上。”于是农民们便都心甘情愿地将武器交出了。

在被劝说者缺乏自信力的时候，为了将其导向你所设置的既定目标，必须突出这样的利与得，而这样的害与失最好就避而不谈，这是说服对方所采取的一种策略。

刚柔相济，劝诫更有效

张嘉言驻守广州时，沿海一带设有总兵、参将、游击等官职。总兵、参将部下各有数千名士兵，每天的军粮都要平均分为两份。

参将的士兵每年汛期都要出海巡逻，而总兵所管辖的士兵都借口驻守海防，从来不远行。等到每过三五年要修船不出海时，参将部下的士兵只发给一半的军粮，如果没有船修而不出海，就要每天减去三分之一的军粮，以贮存起来待修船时再用。只有总兵的部下军粮一点也不减，当修船时另外再从民间筹集经费。这种做法已沿袭很久，彼此都视为理所当然。

不料，有一天，巡按将此事报告了军门，请求以后将总兵部下的军粮减少一些，留待以后准备修船时再用。恰巧，这位军门和总兵之间有矛盾，于是就仓促同意削减军粮。

总兵各部官兵听到消息后，立即哄然哗变。他们知道张嘉言在朝廷中很有威信，就径直围逼到张嘉言的大堂之下。

张嘉言神色安然自若，命令手下人传五六个知情者到场，说明事情真相。士兵们蜂拥而上，张嘉言当即将他们喝下堂去，说：

“人多嘴杂，一片吵闹声，我怎么能听清你们说些什么。”

士兵们这才退下。当时正下大雨，士兵们的衣服都淋湿了，张嘉言也不顾惜，只是叫这几个人将情况详细说明。这几个人你一言我一语，都说过去从来没有扣减总兵官兵军粮的先例。

张嘉言说：“这件事我也听说了。你们全都不出海巡逻，这也难怪上司削减你们的军粮了。你们要想不减也可以，不过那对你们并没有什么好处。上司从今以后会让你们和参将的士兵一样每年轮换出海巡逻，你们难道能不去吗？如果去了，那么你们也会同他们一样，军粮会被减掉一半。你们费尽心机争取到的东西还是拿不到的，这些肯定要发给那些来替换你们的士兵。如果是这样，你们为什么不听从上司，将军粮稍微减少一点呢？而你们照样还可以做你们大将军的士兵。你们再认真考虑一下吧！”

这几个人低着头，一时无法对答，只是一个劲地说：“求老爷转告上司，多多宽大体恤。”

张嘉言问：“你们叫什么名字？”

他们都面面相觑不敢回答。

张嘉言顿时骂道：“你们不说姓名，如果上司问我‘谁禀告你的’，让我怎么回答？”

这几个人只好报了自己的姓名，张嘉言一一记下，然后对他们说：

“你们回去转告各位士兵，这件事我自有处置，劝他们不要闹了。否则，你们几个人的姓名都在我这儿，上司一定会将你们全部斩首。”

这几个人顿时吓得面容失色，连连点头称是，退了出去。

后来，总兵部下的士兵每日被扣军粮，士兵们竟然再也没有闹事的。张嘉言的这招恩威并施堪称经典。

在说服他人的过程中，采用刚柔相济的劝诫之术，一方面能使别人体面地“退”，另一方面又坚持自己的原则，使自己的主张得到采纳，这种方法为许多事情的处理留有余地。

太史公司马迁在《史记·滑稽传》记载：战国时期，齐威王荒淫无度，不理国政，好为长夜之饮。上行下效，僚属们也全不干正事了，眼看国家就要灭亡。可是就在这种节骨眼上却没有谁敢去进谏，最后只好由“长不满四尺”的淳于髡出面了。但是淳于髡并没有气势汹汹、单刀直入地向齐威王提出规谏，而是先和他搭讪聊天。

他对齐威王说：“咱们齐国有一只大鸟，落在大王的屋顶上已经3年了，可是它既不飞，又不叫，大王您知道是什么原因吗？”

齐威王虽然荒淫好酒，但是他本人却和夏桀、商纣一样的坏到骨子里去的人物有着巨大的不同，所以当听到淳于髡的隐语之后，他就被刺痛并醒悟了，于是很快回答说：“我知道。这只大鸟它不鸣则已，一鸣就要惊人；不飞则已，一飞即将冲天。你就等着看吧！”

说毕立即停歌罢舞，戒酒上朝，切实清理政务，严肃吏治，接见县令共72人，赏有功者1人，杀有罪者1人。随后领兵出征，打退要来侵犯齐国的各路诸侯，夺回被别国侵占去的所有国土，齐国很快又强盛起来。

淳于髡并没有以尖锐的语言来进行劝谏，而是避开话锋，柔语细说中又带有一丝强硬与责备，这样对方很容易主动接受建议。

软硬兼施的方法还可以以两种人合作逼人就范的形式来实施。

一位深受青年喜爱的作家的很多作品都被拍成电影，好多人都曾在影院看过经他的原著改编的影片，影院的观众席都挤满了，观众不时为故事的新颖奇妙鼓掌喝彩，就像20世纪30年代的美国人为卓别林的表演忍俊不禁一样。影片是侦探片，而最吸引人的是影片中审讯犯人的绝妙技巧：警员声色俱厉地威胁、恐吓犯人，把他逼到山穷水尽的困境；这时又一位陪审的警员出场，他态度十分温和地对罪犯表示信任和理解。

首先罪犯由攻击型的警员来审问，以凌厉的攻势摧毁对方的意志，向他说明他的罪证确凿、他的同伙都招供了等等，把他逼到进退两难的边缘。接受了这样的审讯后，有的人会屈服，而顽固的罪犯则会死不认罪。

这种情况下，则派另一位温和型的警员审问他。警员完全站到罪犯的立场上，真心地安慰他、鼓励他“你的兄长都希望你得到宽大处理，希望你为他们考虑”等。对这种软招，罪犯往往会自惭形秽，坦白自己的一切犯罪行为。

无论是在影片中还是现实生活中，使用这种技巧，罪犯十有八九会坦白认罪的。

这种手法是一种奇异的心理法则，又称“缓解交代法”。由温和型和攻击型的两个人合作，一方首先把对方逼到心理的死胡同里去，令他一筹莫展；这时另一个人出来指点给他一条路。这种情况下，对方会自然地奔向那条可以脱身的路了。

将计就计对着说

“请不要阅读第七章第七节的内容”，这是一个作家在他的著作扉页上的一句饶有趣味的话。后来这个作家做了一个调查，不由得笑了，因为他发现绝大部分的读者都是从第七章第七节开始读他的著作的，而这就是他写那句话的真正目的。

当别人告诉你“不准看”时，你却偏偏要看，这就是一种“逆反心理”。这种欲望被禁止的程度越强烈，它所产生的抗拒心理也就越大。所以如果能善于利用这种心理倾向，就可以将顽固的反对者软化，使其固执的态度有180度的大转弯。

某建筑公司的李工程师，有一次折服了一个刚愎自用的工头。这个工头常常坚持反对一切改进的计划。李工想换装一个新式的指数表，但他想到那个工头必定要反对的，所以他想了个办法。李工去找他，腋下挟着一个新式的指数表，手里拿着一些要征求他的意见的文件。当大家讨论这些文件的时候，李工把指数表从左腋下移动了好几次。工头终于先开口了:“你拿着什么东西？”李工漠然地说:“哦！这个吗？这不过是一个指数表。”工头说:“让我看一看。”李工说:“哦！你不能看！”并假装要走的样子，还说:“这是给别的部门用的，你们部门用不到这东西。”工头又说:“我很想看一看。”当他审视的时候，李工就随意但又非常详尽地把这东西的效用讲给他听。他终于喊起来说:“我们部门用不到这东西吗？它正是我想要的东西呢！”李工故意这样做，果然很巧妙地把工头说动了。

逆反心理并不是执拗的人才有，有些人总喜欢跟别人对着干，因为他们不愿乖乖服从于任何人。

某报曾登载过一篇以父子关系为主题的纪事文章《我家的教育法》，是说某社会名人的孩子在学校挨了顿骂后便非常怨恨他的老师，甚至想“给他一点颜色瞧瞧”，他父亲听了也附和道：

“既然如此，不妨就给他点颜色看。”但接着又说，“纵使你达到报复的目的，但你却因此而触犯了法律，还是得三思才是。”听父亲这样一说，儿子便取消了报复的念头。

另外还有一个例子。某太太认为她丈夫极不像话，于是便和朋友说她要离婚。她满以为朋友会劝她打消离婚的念头，不料那位朋友却说：

“如此不像话的丈夫还是趁早和他离婚，免得将来受苦。”

这位太太听朋友这么一说，反倒认为：“其实，我丈夫也并非坏到这般地步。”而收回了离婚的念头。

如果有一个人站在高楼顶上欲跳楼自杀，而旁人也在拼命说些“不要跳”或“不要做傻事”之类的话，更是助长了他跳楼的意念；相反，若你说：“如果你真想跳的话，那就跳吧！”他必定会感到很泄气，想不到旁人竟不予阻止反而鼓励他跳下，这完全背离了他原先的期待。这种对于劝阻的期待，一旦为他人背离反而会失去原有的意念。

据说明朝时，四川的杨升庵才学出众，中过状元。因嘲讽皇帝，所以皇帝要把他充军到很远的地方去。朝中的那些奸臣更是趁机要公报私仇，于是向皇帝说，把杨升庵充军海外或是玉门关外。

杨升庵想：充军还是离家乡近一些好。于是就对皇帝说：“皇上要把我充军，我也没话说。不过我有一个要求。”

“什么要求？”

“任去国外三千里，不去云南碧鸡关。”

“为什么？”

“皇上不知，碧鸡关呀，蚊子有四两、跳蚤有半斤！切莫把我充军到碧鸡关呀！”

“唔……”

皇帝不再说话，心想：哼！你怕到碧鸡关，我偏要叫你去碧鸡关！杨升庵刚出皇宫，皇上马上下旨：杨升庵充军云南！

杨升庵利用“偏要对着干”的心理，粉碎了奸臣的打算，达到了自己要去云南的目的。

尤其是那些大人物，你对他们提出要求，他们总是会想：我为什么要听任你的摆布，我可是一个响当当的人物！因此，在说服这类人的时候，从反方向着手更容易成功。

小孩子天真、单纯，你说东，他偏往西，这是他们的天性。

某一有名的教育家，他对不喜欢练小提琴的孩子尤其独具慧心。在教孩子们练琴时，经常碰到的难题就是儿童学琴意识低落，然而他却能使这些孩子们个个乐意接受他的指导。用逼迫的方式吗？不！因为这种办法只能收到一时之效，并不能持久。而他所使用的“特效药”就是这么一句话：“我想这件事你必定做不好，你还是放弃吧。因为你的技能比人家差，所以你才不想练习。”

你让他放弃，他偏要证明给你看。

只要是从事教育工作的，便经常会体会到这一类情形。尤其小学生更是如此，很少有能够自动进取的，他们常以投机取巧的方式来达到他们偷懒的目的。对于这样的孩子，你若说：“难道你是不喜欢它吗？”这会毫无效用的，而要对他们说：“这样的事情对你来说是勉强了点，可能你没办法做得好，因为你的能力比别人差。”

只要这一句话，大多数孩子都会自发地行动起来。

引用典故可以增加说服的分量

典故大都是前人留给后辈的思想文化遗产。经典的文化内蕴博大精深，涉及方方面面。

人们崇尚经典，那是因为经典的语言，常被后人视作明辨是非的指导；经典的人物，常被后人当作效仿的楷模；经典的故事，能给后人留下一部部助益无限的读本。人们崇尚经典之余，还喜欢运用经典。有了经典这种“武器”，无论是行为还是语言便都有了充实的依据。

有许多人在和别人说理时，为使自己的“理”能服人，便以引用经典的方法来补充自己的观点、立场的正确性，增加对手辩驳的难度。辩论也不外乎如此。我们将这种方法俗称为“引经据典，以理穿幽”。

所谓“引经据典”，就是在谈话中根据情况巧妙地引用典故警句、成语、歇后语、故事等，以达到叙事论理引人入胜、生动形象的说服效果。

任何一个说服者都希望自己的说词能具有感染力和说服力。感染力和说服力来自发散型逻辑思维和妙语连珠的有机组合。引经据典正是以此来增加这种有机结合的分量。这种分量，在言简意赅地明晰自己的观点的同时，也能更坚定自己达到说服目的的信心。

一个温地人去东周都城，周人不准他进去，问他：“你是外人吧？”温地人回答道：“我是这儿的主人。”可是问他所住的街巷，他却说不上来。东周官吏就把他囚禁起来了。

东周国君派人问他：“你是外地人，却自称是周人，这是什么道理？”他回答说：“我小时候就读《诗经》，《诗经》里说：‘普天之下，没有哪里不是天子的土地；四海之内，没有哪个不是天子的臣民。’现在周天子统治天下，我就是天子的臣民，怎么是周都的外来人呢？所以我说是这儿的主人。”东周君听了，就命令官吏释放了他。

典故、名言、名句都是传统文化的精粹，蕴藏着丰富的思想内涵，有着以一当十的威力，说辩者引经据典如能恰到好处，自然能加重说服言辞的分量，赢得说理的优势。

历史就是一面镜子，用历史的经验和教训作为论据，极富说服力。常言道，“事实胜于雄辩”，而那些经典历史篇章是经过时间考验与广泛评说的前人的实践，是具有压倒性征服力的。

汉文帝时，魏尚做云中太守。当时，匈奴人时常侵扰边塞，使北方诸郡不得安宁。魏尚任云中太守以后，开始整顿军队，积极抵抗，一时声威大震。匈奴人闻知魏尚智勇兼备，轻易不敢进犯云中。一次，匈奴的一支军队进入云中境内，魏尚便率军迎击，打退了匈奴的入侵。由于疏忽，魏尚在向朝廷报功时，多报了6个首级。汉文帝便认为魏尚冒功，撤销了他的职务，并让官吏依法治罪。大臣们都感到魏尚获罪有些冤枉，但是却无法解救他。

一天，文帝看见了做郎署长的冯唐，问他：“你是什么地方人？”冯唐回答说：“我是赵人。”文帝一听，便来了兴致，说：“以前我听说赵国的将领李齐十分了得，巨鹿大战时，威震敌胆。现在，每当我吃饭的时候都想起他。”冯唐回答说：“李齐远不如廉颇、李牧。”原来，赵国在战国时有很多良将，廉颇、李牧是当时十分著名的将军。文帝听后，叹道：“可惜，我没有得到廉颇、李牧那样的将才，如果有他们那样的人为将，我就不担心匈奴人了。”冯唐见时机已到，忙说：“陛下即使得到像廉颇、李牧那样的将才，也不一定会用。”汉文帝十分惊诧地问道：“你怎么知道呢？”冯唐回答说：“古时候的帝王派遣将领出征，总是说‘大门以内我负责，大门以外由将军治理’。军队里依功行赏，本来是将军们的事，由他们决定以后再转告朝廷。过去，李牧在赵国做将军，所在地的租税都自己享用了，赵王不责怪他，所以李牧的才智得到了充分发挥，赵国也几乎成为霸主。而当今，魏尚做云中太守，其所在地的租税收入，全部用来供养士卒，因此匈奴惧怕他，不敢接近云中的边塞。而陛下仅仅因为6个首级的误差，便将他下狱治罪，削掉了他的官爵。所以，我才敢说，陛下即使有廉颇、李牧那样的将才，也不能够很好地任用他们。”

汉文帝听了冯唐这些话之后，感触良深。当天，就派冯唐拿着符节到云中赦免魏尚，恢复了他云中太守的职位。

在日常生活或处理事务中，引用典故时最好具体一些，这样会更有说服力。

据《贞观政要》载：唐太宗有一匹骏马，他特别喜爱，长期在宫中饲养。有一天，这匹马无病而暴死，太宗大怒，要把马夫杀掉。这时，长孙皇后劝谏道：

“从前，齐景公因为马死的原因要杀马夫，晏子控诉马夫的罪行说：‘你把马养死了，这是第一条罪状；你使得国王因为马的原因杀人，老百姓知道了，必定怨恨国君，这是你的第二条罪状；邻国诸侯知道这件事，必定会轻视我们的国家，这是你的第三条罪状。’结果齐景公赦免了马夫。陛下读书曾读过此事，难道你忘记了吗？”

唐太宗听后，怒气全消，遂赦免了马夫。

现实是，唐太宗的马死了，太宗要处死马夫；历史上齐景公的马死了，要处死马夫，这是何等相似的事。长孙皇后巧妙地引用晏子谏齐景公这一史实，使唐太宗从愤怒中清醒过来，改变了自己错误的决定。

由此可见，在与人说理时引用典故是纠正对手、巩固自己观点的一种绝妙的手法。通过引用典故，让古人替今人说话，让经验为探求者开道。这种手法的妙用，不但能使对手心悦诚服，同时，也让自己更有信心、更有把握地沿着自己所持的正确想法去拓展。

换个角度说话让他心悦诚服

西方人有个习俗：男子戴帽，入室必摘下；而女士戴大檐帽，在室内可以不摘。

某电影院常有戴帽的女观众，坐在她们后排的人十分反感，便向经理建议，请其设禁令。

经理不以为然，说："公开设禁令不妥，只有提倡戴帽才行。"提建议者听罢大失所望。

第二天，影片放映前，银幕上果然打出一则启事："本院为了照顾衰老高龄的女客，允许她们照常戴帽，不必摘下。"

通告既出，所有戴帽者全都将帽子摘下来了，无一例外。因为西方人忌讳别人说自己老，尤其是女性。

可见，说服他人做什么事可以根本不用面对面提出你的意愿，也不用说得明白无误，采用一种旁敲侧击的方法有时候更奏效。

公元前 636 年，在外流浪 19 年的晋公子重耳，在秦穆公的帮助支持下，就要回国为王了。

渡河之际，壶叔把他们流亡时的旧席破帷仍然当宝贝似的搬上船，一件也不舍得丢掉。重耳一看，哈哈大笑，说自己就要回国为王了，还要这些破烂干什么？他命令全部抛弃这些东西。狐偃对重耳这种未得富贵先忘贫贱的言行非常反感，担心以后重耳会像抛弃破烂一样，把他们这些陪伴他长期流浪的旧臣也统统抛弃。

于是，他当即向重耳表示，他愿意继续留在秦国，因为在外奔波了 19 年，自己现在心力交瘁，身体已经像刚才重耳丢弃的旧席破帷一样无法再用，回去也没有什么价值了。

重耳一听便明白了狐偃的意思，马上作了自我批评，并让壶叔把东西一一捡回，表示返回国后，一定不会忘掉狐偃的功劳和苦劳，要狐偃和他同心同德，治理晋国。

在对别人进行劝服时，由于种种原因不好直说，往往不能直截了当地点出对方的意见和观点是错误的，这时若能旁敲侧击，以事物启发人，会更容易被对方所接受。

著名的出版业巨人哈斯特是从创办一份小型报纸起家的，经过几年的奋斗，他拥有了 23 种报纸和 12 种杂志。一次，这位杰出的人物遇到了一件令人烦恼的事情：著名的漫画家纳斯特为他绘制了一幅令他大失所望的漫画。

哈斯特觉得这样可不行，一定要想办法让他重画一幅令人满意的漫画才行，可是怎样才能让那位著名的漫画家能够重画一张杰出的作品呢？而且，还有一个问题就是，这样一来原先那幅失败的作品就会因此而报废，他一定会有受挫感的，怎样才能让他愉快地重画呢？

当天晚上，大家一起共进晚餐的时候，哈斯特着重对那幅失败的作品好好地赞赏了一番，他表示："本地的电车时常让许多小孩子不慎伤亡。有的时候，驾驶电车的司机看上去简直不像活人，倒像个死人。照我自己看来，那些人好像只是瞠目结舌地看着孩子们在街上玩耍，却毫无顾忌地冲上前去。"这时，纳斯特激动地一跃而起，惊奇地说道："老天！哈斯特先生，这个场景足以画出一张让人震撼的图画来啊！你把我那张画作废吧，我给你重新画一张更出色的。"就这样，纳斯特异常激动地待在旅馆里，连夜赶制这幅漫画，第二天果然就送来了一幅异常深刻的漫画。

精明的哈斯特诱使纳斯特主动提出将自己的画作废，并自愿加班赶制一幅新的漫画，是哈斯特利用暗示来将看似突发奇想的灵感不着痕迹地移植到了纳斯特的心里，以致纳斯特兴致勃勃地完成了一幅新的杰作。

对于有抵触情绪的人正面说服虽然能够表达说服者的诚心，却不能达到解除对方抵触的目的，而如果在形式上加以改变，却能达到重点说服所不能达到的效果。

那是在第二次世界大战末期，美军付出很大代价攻占了太平洋上的一座日本岛屿。最后的十几名日本士兵退到一个山洞里。无论洞外的美军怎么喊话，他们拒不缴枪，并拼命朝外射击。美军此时真是无可奈何。忽然有位美国兵灵机一动，半开玩笑式地向洞里的日本兵作出一个许诺：如果投降，就让他们去好莱坞一游，看一看影星们的风采。没想到这句话产生了意想不到的效果。枪声停止了。那些刚才还开枪顽抗的日本兵一个个爬出了洞穴，缴枪投降了。最后，美军司令部为了维护信誉，竟真的安排这些俘虏飞抵好莱坞，大饱了一次眼福。

侧面说服并非是歪打正着。二十几岁的日本兵虽被灌输了不少武士道精神，但正当年少，哪个不做少年郎的梦？好莱坞是个梦幻的世界，它吸引着成千上万世界各地的年轻人的心，它对于这些无视生命的日本兵来说也有着超凡的魅力。美国人正是利用了这种心态，达到了说服的效果。

约翰的公司正值生意兴隆之际，忽然因一件意外的事件濒临破产。约翰回到家中，痛哭流涕，想到这20年的艰难创业即将毁于一旦，他的精神陷入极端绝望的境地。他不吃饭不睡觉，心里满是自杀的念头。妻子琼开始也和约翰一样悲痛欲绝，但她看到约翰的样子，明白该是自己拿出勇气的时候了。她一遍遍地劝慰约翰，说些“忘记这一切，从头干起”的鼓励话。但约翰好像没有听到，依然沉湎于自己的绝望心境中。琼看到正面的劝慰不能奏效，灵机一动，计上心来，她坐在约翰的身旁，大哭了起来，一边哭一边诉说起今后生活的可怕。“你的公司破产了，我们这个家可怎么办，两个孩子的学费怎么筹，我怎么和孩子们去解释？他们将不能和同学一起去度假。”琼哭得那么伤心，约翰在妻子哭声中从迷茫的状态下慢慢清醒了过来。他想起了自己对妻儿的责任，想起这个打击也同样降临到了家人身上。他立刻收起了悲伤，对琼说：“不要难过，我们重新开始。”琼笑了，对约翰说：“看来得要扮演被安慰者才行。”

关键时刻，琼调转了角色，变换了角度，使约翰重新恢复了勇气。

我国的古人很喜欢采用一种叫“隐语”的手法来表达自己的意见。这种方法更为含蓄，给人一种优美、曲折的感觉。通常是借别的词语或手势动作做出暗示，让对方猜测。巧妙使用隐语不仅可以把话讲得生动、脱俗，而且容易引起对方的注意和兴趣。

周武王灭殷，入纣都朝歌。听说殷有位德高望重的长者，于是武王前去面见，询问殷朝所以灭亡的原因。

殷长者对武王说：“您要知道这个答案，请以某一天的中午时分为期，到时再谈。”约定的日期到了，可是殷长者没有来。武王感觉很奇怪。周公说：“我已经知道了。此人是个君子，礼义要求他不能非难自己的君王，所以不能明言直说。至于他期而不到，言而无信，实际上暗示了殷所以灭亡的原因。他是在用隐语来回答我们的问题啊。”

齐景公伐鲁，接近许城时，找到一个叫东门无泽的人。齐景公问他：“鲁国的年成如何？”东门无泽回答说：“背阴的地方冰凝到底，朝阳的地方冰厚五寸。”齐景公不明白，把这事告诉了晏子。晏子回答说：“这是一位有知识的人，您问年成，而他回答冰，这是合于礼的。背阴地方的冰凝固，朝阳地方冰结五寸，这表明节气正常，节气正常意味着政治平和，政治平和上下就团结，上下团结年成自然好。您攻打一个粮食充足、群众团结的国家，恐怕会把齐国百姓弄得很疲惫，会死伤不少战士，结局恐怕不会如您的愿。请对鲁国以礼相待，平息他们对我国的怨恨，遣返他们的俘虏，来表明我们的好意吧。”齐景公说：“好！”于是决定不再伐鲁。

隐语需要对方有一定的领悟能力，否则也达不到预期的效果。因此，我们在对对方进行旁敲侧击的同时，必须考虑到对方的心理和立场。

一顶高帽子，“犟牛”变“绵羊”

再固执的人，当被赞扬时都会变得不再固执，他可能会拿出风度乖乖地聆听你的意见。

人人都喜欢听奉承话。但有很多人，当别人称赞他时，他心里得意，嘴上却故作谦虚，满心委屈的样子。而有些人听了赞美，会落落大方地说：“谢谢！”

有一则趣闻：一次，达尔文去赴宴，席间，与一个年轻美貌、衣着时髦的女郎坐在一起。

这位美女带点玩笑的口吻向科学家提出问题："达尔文先生，听说您断言，人类是由猴子变来的。我也属于您的论断之列吗？"

如果达尔文严格按科学的原理，大讲物竞天择、适者生存的进化论，恐怕这位漂亮的女士会溜之大吉的。但达尔文与众不同之处在于他的冷静和机敏善辩，他揣测年轻女子爱漂亮的心理，巧妙地来了一句："是的。人类是由猴子变来的。不过，小姐您不是由普通猴子变来的，而是由长得非常迷人的猴子变来的。"说这话的时候，他显得彬彬有礼，煞有介事。美女心中顿时消除了原有的怀疑和反对，并且对达尔文有产生敬佩之意。

如果你希望对方达到什么样程度，不妨赞美他，他一定会朝你希望的方向勇往直前的。

自从塞德默斯来到奇异电器公司任主任管理员后，他管理的部门越来越糟。但老板并不责难他，因为他们了解塞德默斯并非庸才，而是一个很有能力、感觉和思维都十分敏锐的人。他们很有技巧地对他使用了一点机智。

他们使塞德默斯享有两个头衔，一个是职务上的，一个是非职务上的。职务上的头衔是正式的，那就是奇异电器公司的顾问工程师，这是公司内外人人皆知的；非职务上的头衔是非正式的，称他为"最高法庭"，这是促使他的属下称呼他的尊号，表示他是公司生死成败的最高决策者。

果然，没过多久，塞德默斯连续创造出许多电器史上的奇迹，随之，公司的面貌也焕然一新。这个巧妙而有成效的谋略，不是别的，正是赏给头衔的方法。

这种“头衔方法”即指故意抬高一个人的高度，以此达到促其向上的目的。

从孩子的天性，我们可以发现一点：当我们称赞夸奖他们时，他们是何等高兴满足。其实，他们并不一定具有我们所称赞的优点，而只是我们期望他们做到这点而已。在我们与人交往时，何不也效仿这一做法呢？因为不管是大人还是小孩子，他们都喜欢别人称赞自己，如果他们没有做到这一点，内心里也会朝此目标努力，因为他们知道这样就可以得到一个美名，获得他人的赞许。

假如一个好工人变成一个对工作不负责任的工人，你会怎么做？你可以解雇他，但这并不能解决任何问题；你可以责骂那个工人，但这只能引起怨恨。

亨利·汉克，是印第安纳州洛威市一家卡车经销商的服务经理，他公司有一个工人，工作每况愈下。但亨利·汉克没有对他吼叫或威胁他，而是把他叫到办公室，跟他进行了坦诚的交谈。

他说：“希尔，你是个很棒的技工。你在这里工作也有好几年了，你修的车子也都很令顾客满意。有很多人都称赞你的技术好。可是最近，你完成一件工作所需的时间却加长了，而且你的质量也比不上你以前的水平。也许我们可以一起来想个办法解决这个问题。”

希尔回答说他并不知道他没有尽他的职责，并且向他的上司保证，他以后一定改进。

他做到了吗？他肯定做到了。他曾经是一个优秀的技工，他怎么会做些不及过去的事呢？

在这个年代，获得一笔巨额贷款是难上加难的事，不过，有人只送了一顶“帽子”，问题就解决了。

约翰·强生是美国的大企业家。1960年，他决定在芝加哥为他的公司总部兴建一座办公大楼。为此，他出入了无数家银行，但始终没贷到一笔款。于是，他决定先上马后加鞭，设法自己凑集起来200万美元，聘请一位承包商，要他放手进行建造，他自己去筹措所需要的其余500万美元。假如钱用完了，而他仍然拿不到抵押贷款，承包商就得停工待料。

建造开始并持续进行，到所剩的钱仅够再花一个星期的时候，约翰恰好和大都会人寿保险公司的一个主管在纽约市一起吃饭。他拿出经常带在身边的一张蓝图，想激起他对兴建大厦的投资兴趣。他正准备将蓝图放在餐桌上时，主管对约翰说：“在这儿我们不便谈，明天到我办公室来。”

第二天，当主管断定大都会公司很有希望提供抵押贷款时，约翰说：“好极了，唯一的问题是今天我就需要得到贷款的承诺。”

“你一定在开玩笑，我们从来没有在一天之内为这样的贷款进行承诺的先例。”主管回答。

约翰把椅子拉近主管，并说："你是这个部门的负责人，只有你才有足够的权力能把这件事在一天之内办妥。"

主管满意地笑着说："让我试一试吧。"

事情进行得很顺利，约翰在自己的钱花光之前几小时拿着到手的贷款回到了芝加哥。

说服，务必切中要害，用激将法迫使他就范。就这件事来说，要害是那位主管对他自己的权力观念。

而对于一个女人来说，夸奖她的工作勤劳是她无法拒绝的美誉。

有一天早晨，苏格兰的一位牙医马丁·贵兹裕夫的一位病人向他抱怨她用的漱口杯、托盘不干净时，他真的被震惊了。这表明他的职业水准是不够的。

这位病人走后，贵兹裕夫医生写了一封信给布利特——一位一个礼拜来打扫两次的女佣，他是这样写的：

亲爱的布利特：

最近很少看到你。我想我该抽点时间，向你做的清洁工作致意。顺便一提的是，一周两小时，时间并不算少。假如你愿意，请随时来工作半个小时，做些你认为应该经常做的事，像清理漱口杯、托盘等等。当然，我也会为这额外的服务付钱的。

第二天他走进办公室时，他的桌子和椅子擦得几乎跟镜子一样亮。他进了诊疗室后，看到从未有过的洁净。他给了他的女佣一个美誉促使她去努力，使她卖力地把工作做到最好。

第三章

夸人夸到心坎上，给他最想要的赞美

BA HUA
SHUO DAO
DIANZI SHANG

赞美的话要发自内心

如果你的赞美之辞不是发自于内心的，那么，你的赞美很难达到预期的功效。

赞美别人就是发现别人的美，并且用恰当的语言表达出来。赞美的语言稍微夸张一点是可以的，但是倘若言过其实，便会让人怀疑你赞美的诚意和动机了。

有这样一个人，在单位里经常赞美同事，见到领导时，赞美的话更是滔滔不绝。见到身材魁梧的领导，他就说："一看就知道您是有福之人啊！"当见到秃顶的领导时，他就说："贵人不顶重发，聪明绝顶啊！"这些话倒是不伤大雅，倒还能让领导开心，只是有一次，因为他过分夸大的赞美言词让领导对他有了重新的认识。

某领导在应酬时，酒喝多了，走路时一不小心摔了一跤，这时，这位经常赞美领导的"赞美家"赶紧过来扶起领导，嘴里说道："领导为了工作，连自己的身体都不顾了，就算是喝出胃出血也没有任何怨言。"喝醉了酒的领导一听到有人这样"赞美"自己，一下子就火了，指着这位时时不忘赞美领导的人破口大骂：

“你到底会不会说话，你那是称赞我吗？你是盼着我死吧？”这次，平日伶牙俐齿的他再也说不出任何赞美之词了。

上例中那个人的赞美之所以得不到听者的认可，是因为他的赞美之词不是发自内心的。在他的赞美中，有很重的趋炎附势、惺惺作态的成分。这样的赞美是无法打动人心的。

小王是建筑公司的拆迁办主任，在拆迁工作顺利进行的时候，一家钉子户使拆迁工作不得不停下。小王通过了解得知，这家的主人是一名曾参加过抗美援朝的老军人，他之所以不肯搬家，是因为这套四合院是在他光荣离休后政府赠与他的。

随后，小王亲自拜访了这位老人。他进入到老人的书房，看见墙上都是老人身穿军装的照片，不由得说道：“您老年轻时一定是名勇敢的军人。因为我在您身上仿佛见到了你当年奋勇杀敌的勇猛和果断。”老人没有做声。小王继续说：“我小的时候就愿意和我爷爷在一起，他总有许多战场上的故事可以讲，后来他年纪大了，有的故事甚至都讲20遍了，可是每次他像是第一次讲一样，眼中充满了激动的泪水。我想您所知道的故事一定和我爷爷知道的一样多，甚至比他的还多。而这其中的辛酸不易，我想只有您自己体会得最深刻了。”

说到此，小王起身说道：“老先生，打扰您这么久，真是对不住啊！”说完他就走出了屋子，往大门外走去。当他即将迈出大门时，老人在背后喊道：“明天过来时把拆迁的公文带来，让我好好瞅瞅。”小王心里的大石头终于落了地，老人要看公文，证明拆迁的事情有戏了。

从头至尾，小王只字未提拆迁的事，只是和老人聊家常话。其实，正是小王的家常话打动了老人。小王称赞老人勇敢，称赞老人阅历丰富，这都是发自于内心的赞美。他的赞美之词在老人的心中也激起了层层涟漪。因为小王真诚的赞美，叩开了老人的心门。

有的人非常吝啬对他人的赞美，认为那是阿谀奉承的表现，是令人不齿的做法，然而人人都喜欢听到他人的赞美，都以得到他人的赞美为荣。因为，如果能得到别人的赞美，说明自己的行为得到了他人的认可，对赞美他的人自然就会产生好感。无论何时，赞美都拥有神奇的力量，能帮助他人走出困境，是交际中最有效的手段之一。发自内心的赞美，是任何人都喜爱的。

有些人不是出自真心而是随大流，跟着别人说重复的赞美话，或者附和别人的赞美，这会引起对方的反感。因为这样的赞美会令对方认为你是在溜须拍马。

哈佛大学弗尔帕斯教授经历过这样一件事：

有一年夏天，天气又闷又热，他走进拥挤的列车餐车去吃午饭，当服务员递给他菜单的时候，他说："今天那些在炉子边烧菜的小伙子一定是够受的了。"那位服务员听了后吃惊地看着他说："上这儿来的人不是抱怨这里的食物，便是指责这里的服务，要不就是因为车厢内闷热而大发牢骚。19年来，你是第一个对我们表示同情的人。"

总能找到赞美的理由

我们常会碰到一些难缠的人，讲道理不听，软说强求也无效，而且有时他还对你抱有一种固执的敌意。对这样的人你肯定不会去赞美他。然而此时此刻，恰恰只有赞美才能解开这个死结。

费城华克公司的高先生懂得从对方身上找到赞美的理由，借由赞美达到自己的目的。

华克公司承包了一幢办公大厦的建筑工程，必须在合同规定的日期内完工。开始一切顺利，眼看工程就要完工了，突然负责供应楼内装饰材料的供应商声称，他不能按期交货。如果这样，整个工程都将受到影响，不能按期交工，公司的麻烦可就大了。

高先生于是去找这个供应商。高先生径直走进那家公司董事长的办公室，但是高先生并没有责备对方，而是从赞扬开始，他说对方的姓在这个地区是独一无二的。这让那位董事长很意外，也打开了话匣，他用了很长的时间谈论他的家族及祖先。等他说完，高先生又恭维他一个人支撑那么大一个公司，并且比其他同类公司生产的铜制品都好。于是董事长坚持要请高先生吃饭。在吃饭的过程中高先生又说了一些其他的事情，始终没说来访的目的。

午饭后，还是那位董事长主动提到了实质问题，由于高先生给他带来了很多的快乐，董事长答应按合同交付产品。

高先生甚至没有提出要求就达到了目的。那些材料准时送到，他们也按期交工。

找到赞美的理由，从赞扬和欣赏开始更容易说服他人。做鱼有腥味，可以加料酒去腥，肉骨头炖不烂，可以滴几滴醋，这些都是一物降一物的道理。在追求成功的道路上，善用这个道理的人，事半功倍；不善用这个道理的人，吃力不讨好。

柯达公司创始人伊斯曼，捐出巨款要在罗彻斯特建造一座音乐堂、一座纪念馆和一座戏院。为承接这批建筑物内的座椅，许多制造商展开了激烈的竞争。但是，找伊斯曼谈生意的商人无不乘兴而来，败兴而归。在这样的情况下，优美座位公司的经理亚当森前来会见伊斯曼，希望能够得到这笔价值 9 万美元的生意。

伊斯曼的秘书在引见亚当森前，就对亚当森说："我知道您急于得到这批订货，但我现在可以告诉您，如果您占用了伊斯曼先生 5 分钟以上的时间，您就完了。他是一个很严厉的大忙人，所以您进去后要快快地讲。"亚当森微笑着点头称是。

亚当森被引进伊斯曼的办公室后，看见伊斯曼正埋头于桌上的一堆文件，于是静静地站在那里仔细地打量起这间办公室来。过一会儿，伊斯曼抬起头来，发现了亚当森，便问道："先生有何见教？"秘书做了简单的介绍后，便退了出去。这时，亚当森没有谈生意，而是说："伊斯曼先生，在我等您的时候，我仔细地观察了您这间办公室。我本人长期从事室内的木工装修，但从来没见过装修得这么精致的办公室。”

伊斯曼回答说：“哎呀！这间办公室是我亲自设计的，当初刚建好的时候，我喜欢极了。但是后来一忙，一连几个星期我都没有机会仔细欣赏一下这个房间。”

亚当森走到墙边，用手在木板上一摸，说：“我想这是英国橡木，是不是？意大利的橡木质地不是这样的。”

“是的，”伊斯曼高兴得站起身来回答说，“那是从英国进口的橡木，是我的一位专门研究室内橡木的朋友专程去英国为我订的。”

伊斯曼心情极好，带着亚当森仔细地参观起办公室来。他把办公室内所有的装饰一件件向亚当森做介绍，从木质谈到比例，又从比例谈到颜色、从手艺谈到价格，然后又详细介绍了他设计的经过。此时，亚当森微笑着聆听，饶有兴致。

亚当森看到伊斯曼谈兴正浓，便好奇地询问起他的经历。伊斯曼便向他讲述了自己苦难的青少年时代的生活、母子俩如何在贫困中挣扎的情景、自己发明柯达相机的经过，以及自己打算为社会所做的巨额的捐赠。亚当森由衷地赞扬他的功德心。

本来秘书警告过亚当森，谈话不要超过5分钟。结果，亚当森和伊斯曼谈了一个小时又一个小时，一直谈到中午。最后伊斯曼对亚当森说：“上次我在日本买了几张椅子，放在我家的走廊上，由于日晒，都脱了漆。昨天我上街买了油漆，我打算自己把它们重新漆好。您有兴趣看看我的油漆表演吗？好了，到我家里和我一起吃午饭，再看看我的手艺吧。”午饭以后，伊斯曼便动手，把椅子一一漆好，并深感自豪。直到亚当森告别的时候，两人都未谈及生意。最后，亚当森不但得到了大批的订单，而且和伊斯曼结下了终生的友谊。

夸人要夸到点子上

把话说在点子上，往往能收到意想不到的效果，而夸人夸到在点子上，更会令对方喜出望外。

赞美是人们生活中不可或缺的生活调味剂，有了它，人与人之间的距离则会变得越来越近。如果要消除两人间的隔阂，真心地赞美对方是你最理想的方法。

但如果我们的赞美没有针对性，没有赞美到点子上，那么很可能会引起对方的厌恶。

当你与年老的长者交谈时，可以多称赞他引以为豪的过去，因为老年人一般都希望别人能够记住他当年的业绩和往日的雄风；当你与年轻人交谈时，不妨语气稍为夸张地赞扬他的创造才能和开拓精神，并举出几点实例证明他的确能够前程似锦；当你与商人交谈时，可以称赞他头脑灵活，生财有道；当你与知识分子交谈时，可以称赞他知识渊博、宁静淡泊。当然，这一切要依据事实，切不可虚夸。

因为恭维过度，会让人觉得你是在阿谀奉承、拍马溜须。

所以，在赞美别人时一定要善于寻找到对方最希望被人赞美的地方。

云莉从升入大学的第一天，就被同学们评为“班花”。云莉自己也知道，从小到大她听到的称赞最多的就是关于她漂亮的外表，对于这样的赞美，云莉感觉有点儿“疲劳”了。其实在她内心深处最希望听到别人说她“有才华，将来肯定会有所成就”。云莉的男朋友就是靠着别具一格的赞美才赢得了她的芳心。“在我身上，他总能发现别人发现不了的优点。”云莉开心地说。

由此可见，赞美就得“赞”到点子上。这样的赞美才不会给人虚假和牵强的感觉，这样的赞美往往会使对方听来十分亲切真实，使对方产生一种遇到知音的感觉，从而增进友谊，缩短彼此间的距离。

巧说赞美之词助你成事

恰如其分地称赞别人，绝不可夸大其词，只有这样才能赢得别人的信任和好感。

办事过程中，要想顺利地将一件事办好，必不可少的就是适当的赞美。赞美的话谁都会说，但是能否说得巧妙、自然，让对方从内心产生认同感，心甘情愿地助自己成事，这里面就有一定的学问了。

美国黑人富豪约翰逊要修建一幢办公楼，但在资金上还有300万美元的空缺，他跑了多家银行都没有贷到这笔款。

建造开工后，到所剩的钱仅够花一个星期的时候，约翰逊终于找到了一家银行肯贷款给他，但是他还有一个要求，就是当天就要拿到贷款，银行主管却对约翰逊说："你一定在开玩笑，我们从来没有在一天之内就办妥事的先例。"

约翰逊稍一沉思，回答："你是这个部门的主管。也许你应该试试看你有无足够的权力把这件事在一天之内办妥。"

这样一下子就挑起了对方的好胜心，这个银行主管试过以后，本来他说办不到的事终于办到了，约翰逊也如愿以偿地拿到了这笔贷款。

这类似激将法，是一种隐蔽的赞美方法，就像你说"这件事对你来说简直是小菜一碟"，这时，即使对方办到这件事有一定的难度，他也不会直接告诉你"我做不到"，而是想办法达到你的期望，以免被你看扁，这是人普遍存在的虚荣心。

比尔·派克是佛罗里达州得透纳海滩一家食品公司的业务员，他对公司新出的系列产品感到非常兴奋；但不幸的是，一家大食品市场的经理取消了产品陈列的机会，这令比尔很不高兴。他对这件事想了一整天，决定下午回家前再去试试。

他说：“杰克，我今天早上走时，还没有让你真正了解我们最新系列的产品，假如你能给我些时间，我很想为你介绍我漏掉的几点。我非常敬重你，你有听人说话的雅量，而且非常宽大，当事实需要你改变时你会改变你的决定。”

杰克能拒绝再听他谈话吗？在这个必须维持的美誉之下，他是没办法这样做的。

办事过程中，要使赞美的语言产生效果，除了注意一些技巧外，更重要的是有一份诚挚的心意及认真的态度，不要轻易草率地发表看法。即使是赞美一个人也不要太夸张离谱，否则就变成了谄媚，给对方留下虚伪的印象。

赞扬是对下属最好的奖赏

一句赞扬可以提高下属的积极性，使其努力地工作，但一句批评可能让他站到你的对立面，与你对着干。

人们发展的需要是全面的，不仅包括物质利益方面，还包括名誉、地位等精神方面。在单位里，每个人都会非常在乎领导的评价，领导一句不经意的赞扬是对下属最好的奖赏。

首先，领导的赞扬可以使下属意识到自己在群体中的位置和价值，在领导心中的形象。而领导的表扬往往具有权威性，是确立自己在本单位同事中的价值和位置的依据。

有的领导善于给自己的下属就某方面的能力排座次，使每个人按不同的标准排列都能名列前茅，可以说是一种皆大欢喜的激励方法。比如，小王是本单位第一位博士生；小李是本单位“舞”林第一高手；小刘是单位计算机专家，等等，人人都有个第一的头衔，人人的长处都得到肯定，整个集体几乎都是由各方面的优秀分子组成，能不说这是一个生动活泼、奋发向上的集体吗？

其次，领导的赞扬可以满足下属的荣誉感和成就感，使其在精神上受到鼓励。如果一个下属很认真地完成了一项任务或做出了一些成绩，虽然此时他表面上装得毫不在意，但心里却默默地期待着领导来一番称心如意的嘉奖，而领导一旦没有关注，不给予公正的赞扬，他必定会产生一种挫折感，对领导也产生看法，“反正领导也看不见，干好干坏一个样。”这样的领导是不能调动起下属的积极性的。

再次，赞扬下属还能够密切上下级的关系，有利于上下团结。领导的赞扬不仅表明了领导对下属的肯定和赏识，还表明了领导很关注下属的事情，对他的一言一行都很关心。有人受到赞美后常常高兴地对朋友讲：“瞧我们头儿既关心我又赏识我，我做的那件连自己都觉得没什么了不起的事也被他大大夸奖了一番。跟着他干气儿顺。”互相都有这么好的看法，能有什么隔阂？能不团结一致拧成一股绳把工作搞好吗？

最后，对下属成绩和良好思想品格的肯定和赞扬，实际上就是对另一种与之相对立的倾向的有力的否定和批评。直接指出某种倾向的危害，明白地提出某种诫令，不失为一种可行的常规办法。但这只能是一种辅助手段，其效力不会更深远。倘若及时向下属说明什么好、应该干什么、怎样干，那就从根本上解决了带有过程意义的问题。所以对于规范下属的行为，肯定、赞扬要比否定、批评更有效。

下属的活动一般来说，都是自觉地指向上级确定的目标，遵循着上级的规定展开的，主观上是希冀成功的。然而，由于受个人的智力、学识、经验以及种种随机因素的制约，其活动结果不尽如人意甚至出现大的差异也是不可避免的。在失误、败绩面前，上级该作如何处置呢？简单的方法当然是论过行罚。但是，这并不明智。更为明智的处置应该是宽容。在必要的批评和处罚之外，要言辞中肯、情意温馨，对其过失之外的成绩、长处予以肯定，对其深切的负疚感、追悔心予以彰明，对其振作图进的心意予以抚慰和信赖。当事人就会从不安中看到希望，决心日后努力工作，将功补过。

所以，即使作为有一定权力的领导，也不要随意地批评你的下属。在任何时候，赞美、鼓励都会比批评更有效果，都更能把人团结在你的周围。

男人与女人，不同的赞美

人们都说女人是用耳朵来生活的，赞美是女人生命中的阳光。其实，男人也一样，他们一样喜欢听到他人对自己的肯定和赞美，因为这会让他们有一种价值感，并由此充满自信。

人人都渴望被别人赞美，但男人和女人的需要是不同的。

男人要面子，多表现在追逐功名、显示能力、展示个性以显潇洒和能人之形象方面，而女人则表现在对容貌、衣着的刻意追求或身边伴个白马王子以示魅力方面。

男人要面子，他们对此毫不遮掩，有时甚至坦率得令人吃惊，而女子则总是遮遮掩掩、羞羞答答。

女性对于面子、虚荣还有几分保留，而男子则是全力以赴去追求面子，好似他的人生目的就是追求面子一般。

男人的面子千万不要去伤害、破坏，否则便万事皆休一切都了——友谊中断，恋爱告吹，生意不成，职称泡汤。

因此赞美他人时也要因人而异。

比如，赞美一个女人漂亮就大有学问。对于容貌绝佳的女性，她已习惯了别人的赞叹，不妨用些新颖的方式，如用比喻去赞美她；对于一个不漂亮的女性，如果你虚假地夸赞她的容貌，她会认为你在讥讽她，而引起她的反感。你最好是去发掘她的气质、能力或性格；而普通的女性是最需要赞美的，因为她身上也有美，并且也最向往美，最渴望被人肯定。

你可以赞美女人的修养。有许多女人，虽然长得漂亮，但是缺乏修养，没有内涵，稍一相处，便会让人感到俗不可耐。因而，花瓶式的女人虽然可赢得一时的赞美，却不能使男人长久地爱慕她，更无法获得男士的尊敬，而一种好的气质，则可以使一位非常普通的女人变得十分迷人，令人心驰神往。因为一个人的修养是一种内在美、精神美、升华美，它可以永久地征服一个男人的心。

作为男人更要会赞美女人。能够做到张口也赞闭口也赞，这样，你才能在女人面前受欢迎，使你魅力无穷。

男人赞美女人是对女人价值的肯定，更是对女人魅力的一种欣赏。在男人眼里，女人身上总有美丽动人之处，或者是皮肤细腻，或者是身材苗条，或者是眉目含情，或者是穿着得体。所以你一定要善于去发现、去捕捉她的美。许多女人都会对自己的缺憾有所了解，但她们却十分了解自己的最动人之处，只要你能慧眼独具，赞美得体，你一定会博得她的赏识与青睐。

现在注重个性，夸赞一个女人有个性已成了一种时尚。固执的性格可当此人有个性来赞，孤傲的性格也可以用有个性来赞，像男人一样不拘小节，有些泼辣的女性也能用有个性来赞。只要是稍稍区别于大众的性格，你用“个性”二字来赞她，无论是哪种女性，她都会觉得你这个人很有品位。

最后，谈一谈女人的能力。现代社会，在各种事业中女人都表现出了非凡的能力。她们不仅能把自己分内的事完成得十分得体，还会凭她们细心的洞察力去发掘工作中出现的问题，把各部门的事情都安排得十分妥当，有时工作能力大大地超越了男性。而女人在取得很大的成就时，也需要被这个社会所肯定。她们希望这个社会能认同自己，肯定自己的能力，也希望在男人眼中她们不再是处处依附于男人的人，而是能够独当一面、把事情处理得完美无瑕有能力的人。于是，她们就需要男人的赞美，希望自己所做的，能够得到男人的认同与赏识。如果你是她的老板、上司，或是同事，你可千万别忽视她的业绩，常常激励她、赞美她，以激发她更大的工作积极性吧。

除此之外，生活中女人们的能力也值得你一赞。日常家务，如烧饭做菜、收拾房间、照顾孩子，这些虽是一些细小的事情，但却能表现出女人的动手能力、审美能力、教育能力。只要你在日常生活中不忘赞美女性，你定会得到女性们一致的好评。

最后要记住的是，女人喜欢甜言蜜语，但并非是喜欢太过花哨的话，所以赞她时多用些实际的语言，不要刻意去修饰，不然会让人觉得你很肤浅。

人们都说女人是用耳朵来生活的，赞美是女人生命中的阳光。其实，男人也一样，他们一样喜欢听到他人对自己的肯定和赞美，因为这会让他们有一种价值感，并由此充满自信。可以说，恰到好处的赞美是打在男人身上的一剂强心剂。你可以从以下几个方面来打造对男人的赞美之词：

1. 赞美他是成功的男人

由于传统社会对男性角色的定位——成家立业者，使得男人非常在乎自己在别人心目中的形象，任何人对他的工作作出的评价都会让他敏感。因此，无论男人从事的是怎样的工作，他都希望能得到别人的认同。

不过你得注意，不管一个男人有多成功，他内心深处最渴望的还是别人的理解和关怀。一般的理解和关怀都是无可厚非的，可一定要注意把握“度”。过犹不及，说得太夸张、太过分、太直白就会被人当成追逐名利、爱慕虚荣的女人，会成为男人心底讨厌的势利女人。因此，即使是赞美，也要掌握分寸。通常从以下几个方面入手来赞美男人，比较容易被接受，而且会收到预期效果的。

首先，在赞美男人的同时，注意表达关心与体贴。关心与体贴是女人善良天性的表现，也是女人细腻温柔的体现。女人的关心，有如吹面而过的柔和的春风，又如沁人心脾的淡淡花香，会在不知不觉中悄悄渗入男人的心灵之中，融化他们的心。男人们最喜欢的是那种会关心、会体贴、善解人意的女人，女人的关心和温柔会让男人从心底感激她。以前，曾有人这样赞美过别人：

“张老师，您那本书写得真好，没少花工夫吧？您可得注意休息了，瞧您现在比以前瘦多了。”

“刘总，这么大的工程，您一个人给搞定了，可真了不起！不过您可要注意身体呀，别光为了工作，累坏了自己。”

这些又温馨又充满敬仰与关切的语句，怎么能让男人不动心，不打心底感激，不视女人为自己的好友呢？

其次，在赞美男人的时候，恰当地表达出崇拜的思想。不管男人还是女人，都希望有人崇拜自己，都希望被人用尊敬、仰视的眼光看待，这也是人之常情。被人崇拜是无法拒绝的，被人崇拜意味着对“自我”的肯定，是一种人生价值的体现。对一个春风得意的人来说，他最自豪的是“自我”，也就是他的成功之源。

最后，别忘了在赞美的同时予以鼓励。一个女人鼓励一个男士，既是对他过去的肯定，对他以前创业生涯的一种肯定，又是对他未来充满信心的一种表现。人在任何情况下都是希望有人支持和鼓励的，人不仅对自己有信心，更需要别人对自己有信心。现在的社会，竞争激烈，压力大，成功是需要付出很大代价的。一个成功的、春风得意的男士，即使在一定程度上达到了自我价值的展现，但也还是需要鼓励的，尤其需要别人对他有信心。

还有一些男士，春风得意的时候，往往会在别人的一片颂扬声中沾沾自喜、自高自大、忘乎所以，而女性的委婉的激励，有时就像一剂良药，给头昏脑热的春风得意者一点不动声色的提醒，进一步激发起他投入下一次竞争的热情。

2. 赞美他是一位绅士

所谓风度，是男人在言谈举止中透出的一种味道。不要以为男人真的是散漫随意、潇洒不羁，其实他们很在乎别人对自己举止的评价。曾经有一位女友说起她和男友分手的原因，只因为她在一次朋友聚会上调侃了男友的局促，就大大伤了对方的自尊心，扔了句："既然你认为我没风度，那么分开好了。"

事实也如此，行动比语言更有说服力，只有当女方对对方的举止言谈很满意、很欣赏时，女方才会爱上他。而在这方面赞美男人的聪明之道，也是拿他和别的男人比较，表现出你的欣赏。一位先生说："有一次，我和女友乘出租车，下车后我替她打开车门，她说她以前遇到的男人从不知道什么是绅士风度。这句话极大地满足了我的自尊心，也让我觉得自己是个很受欢迎的男人。"

3. 赞美他仪表堂堂

许多男性承认，他们在关注女人闭月羞花之貌的同时，也希望自己貌比潘安。但是同样因为社会角色定位，男人特别害怕女人把他们当作绣花枕头，因而他们对女人对他们外在形象的夸赞是特别敏感的，让女人兴奋的"你长得真漂亮"、"你穿得真好看"之类的话，会让男人觉得特别不舒服，按他们的理解，这里透着一种嘲讽，好像说："你有些娘娘腔，你怎么像女人一样爱打扮。"

所以说，要真的想对男人表达你对他外形的欣赏，还需审时度势。但你可以对他的某个部位作出较高的评价，例如，"你的鼻子好有个性"等。

另外，在赞美一个男士的时候，有一点特别忌讳的是，不要当着这位男士的面大肆指责他的竞争对手，这样做也许当时能让这位春风得意的男士十分高兴，但过后，他就会清楚地意识到这种以贬低一个人来衬托另一个人的手法是多么的笨拙，并且让人感到的只是巴结和恭维。所以，建议那些想要锦上添花的朋友，一定要注意，添花要小心，要把握好分寸，不要搞出笑话来，以免遭人反感。

给他最想要的赞美

有的时候并不是什么伟大举动才值得让人赞美，相反一些微乎其微的小事更值得肯定和称许。

在一个人所走过的人生道路中，有无数让他们引以为自豪的事情，这些都是一个人人生的闪光点。这些东西又会不经意地在他们的言谈中流露出来，例如，“想当年，我在朝鲜战场上……”、“我年轻的时候……”，等等。对于这些引以为荣的事情，他们不仅常常挂在嘴边，而且深深地渴望能够得到别人由衷的肯定与赞美。对于一位老师而言，引以为荣的往往是由他授过课的学生在社会上很有出息，你为了表达对他的赞美，不妨说：“您的学生 ×× 真不愧是您的得意门生啊！现在已经自己出书了。”对于一位一生都默默无闻的母亲，引以为荣的往往是她那几个有出息的孩子，你如果对她说：“您有福气啊，两个儿子都那么有出息。”她一定会高兴不已。对于老年人来说，他们引以为荣的往往是他们年轻时的那些血与火的经历。

真诚地赞美一个人引以为荣的事情，可以更好地与之相处。

乾隆皇帝喜欢在处理政事之机品茶，论诗。对茶道颇有见地，并引以为荣。有一天，宰相张廷玉精疲力竭地回到家刚想休息，乾隆忽然来访，张廷玉感到莫大的荣幸，称赞乾隆道：“臣在先帝手里办了13年差，从没有这个例，哪有皇上来看下臣的！真是折煞老臣了！”张廷玉深知乾隆好茶，命令把家里的隔年雪水挖出来煎茶给乾隆品尝。乾隆很高兴地招呼随从坐下，“今儿个我们都是客，不要拘君臣之礼。坐而论道品茗，不亦乐乎？”水开时，乾隆亲自给各位泡茶，还讲了一番茶经，张廷玉听后由衷地赞美道：“我哪里晓得这些，只知道吃茶可以解渴提神。一样的水和茶，却从没闻过这样的香味。”李卫也乘机称赞道：“皇上圣学渊深，真叫人瞠目结舌，吃一口茶竟然有这么多的学问！”乾隆听后心花怒放，谈兴大发，从“茶乃水中君子、酒乃水中小人”开始论起“宽猛之道”。真是妙语连珠，滔滔不绝，众臣洗耳恭听。乾隆的话刚结束，张廷玉赞道：“下臣在上书房办差几十年，只要不病，与圣祖、先帝算是朝夕相伴。午夜扪心，凭天良说话，私心里常也有圣祖宽、先帝严，一朝天子一朝臣这个想头。我为臣子的，尽忠尽职而已。对陛下的旨意，尽力往好处办，以为这就是贤能宰相。今儿个皇上这番宏论，从孔孟仁恕之道发端，譬讲三朝政治，虽然只是三个字‘趋中庸’，却振聋发聩，令人心目一开。皇上圣学，真是到了登峰造极的地步。”其他人也都随声附和，乾隆大大满足了一把。张廷玉和李卫作为乾隆的臣下，都深知乾隆对自己的杂经和“宏论”引以为豪。而张李二人便投其所好，对其大加赞美，达到了取悦皇帝的目的。

没有人不会被真心诚意的赞赏所触动。

抓住他人胜于别人的、最引以为豪的东西，并将其放在突出的位置进行赞美，往往能起到超乎意料的效果。在这一点上，有一个很经典的实例。

在镇压太平天国起义的过程中，一次，曾国藩用完晚饭后与几位幕僚闲谈，评论当今英雄。他说:“彭玉麟、李鸿章都是人才，为我所不及。我可自许者，只是生平不好谀耳。”一个幕僚说:“各有所长：彭公威猛，人不敢欺；李公精敏，人不能欺。”说到这里，他说不下去了。曾国藩又问:“你们以为我怎样？”众人皆低头沉思。忽然走出一个管抄写的后生过来插话道:“曾师是仁德，人不忍欺。”众人听了齐拍手。曾国藩十分得意地说:“不敢当，不敢当。”后生告退而去。曾氏问:“此是何人？”幕僚告诉他:“此人是扬州人。入过学，家贫，办事谨慎。”曾国藩听完后说:“此人有大才，不可埋没。”不久，曾国藩升任两江总督，就派这位后生去扬州任盐运使。

他人最想要的赞美一定是真诚的，不是那种公式般的赞美，千篇一律，最让人反感。

第四章

直击要害，针锋相对掌控话局主动权

BA HUA
SHUO DAO
DIANZI SHANG

以其人之道，还治其人之身

当有人无理取闹时，聪明的人不妨以其人之道还治其人之身，进行有力而又不失礼的反击，一举攻陷对手。

“以其人之道，还治其人之身”是指按照对方的逻辑去理解或推论，由此及彼，最后物归原主，使其搬起石头砸自己的脚，自食其果。

使用这种返还幽默法，要善于抓住对方的一句话、一个比喻、一个结论，然后把它接过来去针对对方，即把对方给自己的荒谬语言或行为及不愿接受的结论，经逻辑演绎后还给他，以其人之道，还治其人之身。

这种方法用于对付那些耍赖之人最有成效，往往能使对方的无理取闹不攻自破，使对方作茧自缚。

一位懒汉去朋友家做客。早晨起床后，自己不但不收拾床铺，朋友替他叠被时，他还振振有词地说：“反正晚上要睡，现在何必去叠！”饭后，懒汉将碗筷一推，一动不动地坐在沙发上闭目养神。朋友又得收拾桌子，又得洗刷餐具，懒汉说：“反正下顿还要吃，现在何必洗呢？”到了晚上，朋友劝他把脚洗一洗，这样既讲卫生，又有益于健康。懒汉又要懒，反驳说：“反正还要脏，现在何必洗呢？”于是，朋友打算惩治他一下。第二天，吃饭的时候，朋友只顾自己，对懒汉不管不顾。懒汉来到饭桌旁，见没有自己的碗筷，便嚷道：“我的饭呢？”朋友问道：“反正吃了还要饿，你又何必去吃呢？”睡觉的时候，朋友也同样只顾自己，不理懒汉，懒汉见状，焦急地问道：“我睡哪儿？”朋友反驳道：“反正迟早要醒，你又何必要睡？”懒汉急了，叫道：“不吃，不睡，不是要我死吗？”朋友泰然答道：“是啊，反正总是要死，你又何必活着？”说得懒汉哑口无言。

故事中的朋友紧紧抓住了懒汉的荒谬逻辑，顺竿上树，以其人之道，还治其人之身，使得懒汉无话可说。

在使用“以其人之道，还治其人之身”式幽默术时，关键在于抓住对方的语言逻辑，然后以此为基点，推出荒唐的结论，令对方的诘难不攻自破。

做老实人说老实话，但若太过老实宽厚，反倒会纵容别人不适当的言行。所以，面对别人的无礼攻击和嘲笑挖苦，我们一定要学会以其人之道还治其人之身，维护自己的利益和尊严。

从前有位贪婪成性的财主，每次吩咐别人办事时都想从别人身上揩点油水。有一天，财主派一名长工去买酒，但又不给长工钱，分明是要长工自己掏腰包买酒给他喝。长工感到有些莫名其妙，便问：“老爷，没有钱怎么能买到酒呢？”财主生气地说：“花钱买酒谁不会呢？要是你能不用钱就买回酒，那才是有本事呢！”这位长工本来就机智过人，他知道财主的心眼小，于是，便一言不发地拿着酒瓶出去了。

过了一会儿，长工拿着空瓶回来，他走到财主身边说：“老爷，酒买回来了，你慢慢喝吧！”财主拿过酒瓶一看，里面空空如也，便大发雷霆：“岂有此理，你是怎么给我办事的？酒瓶空空，叫我喝什么？小心我扣你半年工钱！”

那位长工慢悠悠地说道：“老爷，酒瓶里有酒谁不会喝，你要是能够在空瓶里喝出酒来，那才是真有本事呢！”财主气得直翻白眼，一句话都说不出来。

显然，这位财主只想占长工的便宜，如果长工不能有效地反驳他荒谬的论调，就有可能遭到财主的严厉训斥，或者是自己贴钱给财主买酒，无论如何，吃亏的都是他自己。

在现实生活中，如果我们遇到了无理取闹、蛮不讲理的人，也一定要据理力争，适当反驳，切不可一味地任其摆布。那么，具体应该如何去反击这种无理取闹的行为，让对方承认自己的错误呢？首先，要控制自己的情绪。以大丈夫的涵养与气量，在气质上镇住对方。然后，要冷静考虑对策，从中选出最佳方案，以免做出莽撞之举。最后，还要选准打击点，反击力要猛，使对方哑口无言。

嘉华和浩明同是一家外贸公司的职员，他们的主管是从日本留学回来的。由于这家公司主要从事对日贸易，所以稍微懂得日语的人很吃香。他们的主管能说一口流利的日语，自然成为老板眼中的红人。但这个主管是个很高傲、瞧不起人的人，尤其当他得势之后，就更加目中无人了。对手下员工大吼大叫是家常便饭，最让员工看不惯的是，主管经常用日语骂人。

嘉华、浩明和几个同事都会一点日语，所以经常被主管要求用日语对话。一旦他们听不太懂的时候，主管就会用极其鄙视和嘲笑的口气说："你们这些人简直笨得要死，连简单的对话都学不会。"类似这样的语言常常把他们说得无地自容。

几次被主管的言词侮辱之后，浩明决定不再跟主管用日语对话了。主管用日语问问题，浩明就用汉语回答，这样一来可把主管激怒了，大声地用日语骂开了。虽然自己日语并不流利，但是浩明听得出来那都是很难听的脏话。浩明再也无法忍受这样的主管了，于是当天就递了辞呈。

嘉华不太赞同浩明的做法，他选择了积极应战。于是嘉华努力学日语，不知不觉两年过去了，嘉华的日语进步飞快。除了平时跟主管对话已经很少出错之外，对于公司的业务也开始直接参与，不像从前那样只做幕后工作了。

有一次，主管吹毛求疵，对嘉华工作中不满意的地方唠叨了起来，嘉华不慌不忙地开始跟主管辩解，不但日语说得流利顺畅，句句有理、头头是道，并且架势咄咄逼人。虽然平时经常对话，但也都是些商务常用句子，今天嘉华张口说了这么一大串来，主管也很吃惊，最后被嘉华逼得无话可说。办公室里顿时响起了雷鸣般的掌声，大家都为嘉华的精彩表现而叫好。

主管从那次以后也收敛了许多，因为公司里不再只有他一个人能够流利地讲日语了。而且由于他以前对待员工的态度太差，人缘也不好，不久就被降职了。

浩明选择逃避，而嘉华选择积极面对。其实嘉华战斗的方式很简单，就是“以其人之道，还治其人之身”。主管个性高傲，而这种高傲的资本就是他懂日语，所以嘉华努力学习日语并以此为“武器”对付他。

总之，对于故意寻衅的人和尖酸刻薄的语言，我们一定要学会反击，而不能一味地忍让和宽容，让对方得意。

以毒攻毒，让对方自食其果

总有那么一些人爱故意找碴儿、寻衅滋事，这时我们如果退避三舍，必会遭人耻笑；如果视而不见，也难免有软弱之嫌。所以以毒攻毒，让其自取其辱是最好的办法。

阿凡提以风趣和机智著称。他经常运用诱导的语言技巧，替平民百姓伸冤出气，惩治那些贪心的人。

有一天，阿凡提到一位以吝啬贪婪闻名的地主家去借锅，地主当然不肯，最后把阿凡提的小毛驴留下做抵押，才让他拎锅出门。第二天，阿凡提准时来还锅，并且还带着一只小锅，地主好奇地问:“阿凡提，你带这个小锅来干嘛?”阿凡提故作神秘地说:“老爷，你昨天借给我的锅是一只怀了孕的锅，今天早上我到你这儿来的时候，它刚好生了一只小锅，所以我一并带来还给你啦!”地主当然不信锅会生孩子，但为了得到这只小锅，他装模作样地说:“是啊!是啊!我昨天借给你锅时，它正怀着孕呢!”然后让阿凡提牵走了小毛驴，并假装慷慨地说:“阿凡提，今后不管你要借什么东西，都尽管来借好了。”

从此以后，阿凡提每借一次东西，都会依样还给地主一件小东西，地主脸上笑得合不拢嘴，心里却不停地嘲笑阿凡提。

过了半个月，阿凡提愁眉苦脸地对地主说:“老爷，我的母亲生病了，我想借你那口祖传的金锅去给母亲煎药。”地主一想到过几天就有两只金锅到手，便急忙地把金锅借给阿凡提。谁知这次阿凡提过了很久都没来还锅，地主等得不耐烦，决定亲自上门去讨。正准备出门，阿凡提急匆匆地跑进来，上气不接下气地说:“老爷，不好啦!你借给我的那只金锅难产死了!”地主大吃一惊，瞪起眼骂道:“锅怎么会死呢?”阿凡提立即扬高声音说:“老爷，你既然相信锅会生小孩，那它为什么不会死呢?”贪心的地主被自己的无知和贪婪弄得哑口无言，不仅失去珍贵的东西，而且还成为大家的笑柄。

聪明的阿凡提，算得上是高明的说话大师。他先摸清对方的性格特点，然后欲擒故纵，以毒攻毒，诱使对方犯下错误，自食恶果，最后将其轻易地驳倒。

孔融10岁那年，他父亲带他到京师拜见了河南尹李膺。那天，李府宾客满堂，尽是当朝达官显贵、名士贤卿。李膺传话，如果不是朝廷命官或世交至亲，概不接见。孔融当即回话："我先祖孔子与大人先祖老子（李耳）乃是至交，我们不也应是世交吗？"于是李膺非常高兴地把孔融介绍给大家，众人对孔融年少多智赞不绝口。唯有大夫陈伟不以为然，根本不把这个乳臭未干的娃娃放在眼里，轻蔑地说："小时聪明。长大未必能怎么样。"孔融听到后，很有礼貌地反问道："那么您小时候一定是聪明的啦？"陈伟本想嘲笑孔融，但没想到却打了自己的脸。

当有人故意找碴时，我们可以以毒攻毒，使对方自食其言。然而在运用这种说话术时一定要掌握对方的心理弱点，让对方走进陷阱而无法自拔。

齐国的晏婴将出使楚国。楚王知道这个消息后，便对他左右的人说："晏婴是齐国很善于言辞的人，现在正动身来我国，我想侮辱他，用什么办法呢？"左右的人出了个主意。

晏婴来到了楚国，楚王举行酒宴来招待他。酒兴正浓时，两个差人捆着一个人走到楚王的面前。楚王故意问道："你们为什么要捆绑这人？"差人回答说："他是齐国人，犯了偷盗罪。"

楚王笑嘻嘻地望着晏婴，说："齐国人本来就善于偷盗，是吗？"

晏婴站起来离开席位，郑重其事地回答说："我曾听说过这样一个故事：橘树生长在淮河以南，是橘树；生长在淮河以北，就成了枳树。橘树和枳树虽然长得很像，但它们结出的果实味道却不大相同。橘子甜，枳子酸，为什么呢？由于水土不同啊！如今，在齐国土生土长的人，在齐国时不做贼，一到楚国就又偷又盗，莫不是楚国的水土使老百姓惯于做贼吗？”

楚王听后苦笑着说：“德才兼备的圣人，是不能同他开玩笑的，我现在有些自讨没趣了。”

毫无疑问，以毒攻毒，让别人自食其果的反驳说话术是应对故意找碴，挑衅生事之人的最好办法。当反驳之时巧妙地运用这种反驳术，不但可以让对方哑口无言，同时也维护了自己的尊严。

反驳要抓住对方话语中的破绽

当别人找碴或者挑衅时，我们要从别人的话语中找出破绽，以其人之道，还治其人之身。

俗话说，有理走遍天下。但在现实生活中，双方对垒，有时会出现这样的情况——有理的被对手置于困境，竟寸步难行。或者对手是掌权者，凭借权力，以势压人；或者对方刁钻泼辣，不讲道理。面对这种情况，如果有理的一方不甘忍辱含垢，必定要与之争辩。那么在论辩时，你说的话最好要切中问题的关键，使对手理屈词穷，从而变颓势为胜局。

齐宣王是个骄横、虚荣的人。有一次，齐宣王召见颜斶，却碰了一个钉子。

齐宣王坐在自己的宝座上，露出骄横之态呼道：

“斶，过来！”

颜斶对此很不满。他也学着齐宣王那高贵的样子，竟然对齐宣王呼道：

“王，走过来！”

齐宣王气得发抖。

左右侍臣慌了，对他喝斥道：“王是人君，你是人臣，王叫你过来，天经地义；你叫王走过来，难道可以吗？”

颜斶不慌不忙地辩道：“若论道理应该可以。我若走过去，是仰慕王的势利；而我呼王过来，则是让王表示趋奉贤士。我觉得与其叫我做仰慕势利之事，倒不如让王做趋奉贤士的好君王！”

齐宣王尽管心里明白，但面对颜斶这等爱君爱国的高论也不好发作。

抓住要害反驳对方需遵循以下步骤：首先，在貌似强大的对手面前，自己的态度要坚毅刚强，要抱必胜的信心。其次，揭露强敌的理由要充足有力，举证要确凿无误，不让对手有空子可钻。再次，触机便发，言词犀利，字字句句要有分量。最后，釜底抽薪，当头棒喝。要让对手感到，再不还以公道，待产生严重后果时就悔之晚矣。此外，反击的言论或举动还应高出对方一筹，这样，才能在两相对照之中，既保持主动地位，又能够打动对方，产生巨大的说服作用。

把握语言反击的有效性

不适当的或者过度的反击并不能起到有效的反击作用，因此反击时，一定要把握好度，使自己的语言反击更有效。

在冲突中，我们反击的目的是调节和改善自己所处的人际关系环境，是为解决矛盾而不是扩大矛盾。这是反击有效性的重要标志。良好的口才是战胜对手的一大法宝，但良枪在手，用不好也会走火，伤人害己。因此，利用语言进行反击时，必须要把握好度。

所谓“度”，就是要按照自己对环境的敏锐判断，明确自己的优势和劣势，准确把握该说什么、怎样说、说到什么程度。

要掌握好度，首先要抓住主要矛盾，不要扩大打击面，不应把本来可以争取的中间力量甚至朋友统统都推到与自己对立的阵营中去，使自己陷于孤立、被动地位。

其次，应控制打击的力度，不要一棍子把人打死、一句话把人噎死。反击时应为对方留一点余地，掌握打击的分寸。因为大多数人都爱面子，给对方留有余地实质上是为缓和彼此间的冲突留下了回旋的空间，也为自己留一条后路。如果你把对方逼进了死胡同，他别无选择只能与你对垒。结果，双方剑拔弩张，到头来两败俱伤。这并不是我们反击的目的。然而，在生活中许多人并不能深刻理解这一道理。

阿伟暗恋上了佳佳，但佳佳心有他属，并不为他所动。终于到了佳佳的生日了，阿伟决定在生日晚会上“火”一把。在摇曳的生日烛光里，阿伟动情地唱起了“爱，爱，爱不完……”佳佳感觉阿伟在大庭广众之中令自己很难堪，但她只淡淡笑了笑，以舒缓的语调说：“看不出阿伟平时不声不响，原来歌喉如此优美。我们该为将来那位有幸拥有他深情歌声的小姐祝福。”一句话，似是赞美，但给了阿伟当头一棒。既给阿伟留足了面子，又使自己轻松婉拒了他的心意。

事实上，在现实生活中，只有把握语言反击的广度和深度，才能保证语言反击的力度，有效地达到反击的目的，使自己不再受气。

以妙语暗示自己的实力，让对方知难而退

有时，我们基于种种限制，无法直接反驳对方，这时不妨用妙语暗示自己的实力，让对方知难而退。

实力是一个人的资本。实力摆在明处，别人自然不敢造次。但实力若被隐藏，不为人注意，有可能就得受气。因此，在必要场合时，于不动声色中显示自己的实力，可以让对方知难而退。

绵里藏针，是暗示自己实力的一种有效方法。其特点是含而不露。在反击中，语调平和，言辞委婉得体，既予对方以尊重，不伤害对方的情感和体面，又巧妙地暗示自己也不是好惹的。一般情况下，对方会知趣地就此打住。

有位经理，本性好色。一日，见一位公关小姐姿色美艳，便恭维道："小姐，你是我见过的最漂亮的女孩子。今晚下班后我请客，不知小姐可否赏光？"公关小姐虽然厌烦至极，但职业的本能使她必须有所克制。于是，她彬彬有礼地答道："这位先生，非常抱歉。下班后我必须去武术学校同一位真正永远也忘不了我的人约会。"

"你是说你的男朋友？在武术学校？"经理半信半疑地问。

"是的。我们是同学。"

这下可令这位经理目瞪口呆了。他怎么也想不到面前这位身材匀称的姑娘身怀武艺，这就已够他应付的了，更何况还有一位武术学校的男朋友。公关小姐见状，意味深长地笑起来："他可是个醋坛子。这事我可不敢含糊。"这位心存非分之想的经理只得灰溜溜地离开了。这位小姐没有横眉冷对，也没有出言不逊，而是于淡淡的话语中暗示了自己的实力，使原本轻视她的经理顿时望而生畏。

这种绵里藏针，以妙语暗示自己实力的反击方法，柔中见刚，达到以柔克刚的效果。公关小姐运用此法不仅巧妙地使自己摆脱受气的境地，又无损对方的体面，而且以自己良好的修养显示了内在的威慑力。

欲擒故纵，等待最佳反击时机

在辩论场上，不妨与对方慢慢周旋，以便抓住对方的弱点，静待反击的最佳时机，进而取得最后的胜利。

说起辩论，也许我们立马会想到“唇枪舌剑、针锋相对”等激烈的词语。可是有时候这种简单而激烈的抗衡会让双方都陷入尴尬的境地而难以解脱，辩论也不会有什么实质性的结果。倘若我们能在激烈的辩论场上沉着应战，另辟路径，以不变应万变，与对方慢慢周旋，发现对方的破绽，抓住对方的弱点，然后一鼓作气，突破僵局。

律师怀特竭力为有杀妻嫌疑的布莱尔辩护，而对方的律师麦纳斯提出了对布莱尔十分不利的证据：布莱尔曾向麦纳斯提出过，要麦纳斯帮助他与妻子离婚。麦纳斯认为，布莱尔在无法达到离婚目的时，很可能会采取极端措施。

怀特沉思片刻之后，便开始与对方周旋：“关于离婚的案子，我倒是个外行，但是我知道我们周围每天都有很多人离婚，麦纳斯作为办理离婚案子的精英，是不是每天都很忙啊？”

麦纳斯很自信地回答道：“要我处理的案子一年至少有 200 件，当然很忙。”

麦纳斯开始犹豫起来，实际离婚的人数并没有那么多。麦纳斯有点底气不足：“可是……其中有些人……因为这样那样的原因改变了主意。”

“啊！您是说有重新和好的可能，大概有 10%的人不想真离婚？”怀特觉得机会来了。

麦纳斯回答说：“百分比还要高一些。”

“高多少，有 20%？”

“接近 40%。”

“麦纳斯先生，这也就是说，去找您的人中有近一半最后决定不离婚？”

“是的！”麦纳斯觉得自己上当了，但是已经晚了，也只好如实回答。

“喂，我想这不会是因为他们对您的能力缺乏信任吧？”怀特步步逼近。

“当然不是！”着急的麦纳斯急忙自我辩解，“他们常常一时冲动，就跑来找我。可是一旦真的要离婚，便改变了主意……”这时候，麦纳斯完全中了怀特的圈套。

“谢谢，”怀特“欲擒故纵”的战略取得了圆满成功，“你真帮了我的大忙。”

结果可想而知，布莱尔被判无罪。

在这个案件中，怀特使用了“欲擒故纵”的战略：先坦率地承认自己对离婚案是外行，恭维对方很忙，对方因此得意忘形，使案件朝着有利于己方的方向发展。怀特抓住对方的一个破绽，然后步步为营，步步诱导，使对方说出了否定自己的话。

总而言之，当处于某种境地而不知所措时，我们不妨换个思路，换一种方式，试着采用“欲擒故纵”的战术，与对方周旋，以便抓住对方的弱点，找准反击的最佳时机，这样便能“柳暗花明又一村”。

釜底抽薪，攻其要害

釜底抽薪法就是要找出对方论据中的虚假处，用确凿的事实来反驳对方，这样，对方精心构筑的言论布局就会因基础瓦解而全面崩盘。

釜底抽薪、攻其要害是一种通过论证对方论据的虚假，来反驳对方论点的方法，也是一种最基本的辩论技巧。因为，论点来自论据，论据孕育论点。论据真实，则论点正确；论据虚假，则论点谬误。所以，驳倒了论据，有如釜底抽薪，是从根本上展开对对方论点的反驳。

运用这种论辩技巧，一定要紧扣论据与论点之间辩证统一的逻辑关系。如果论据与论点之间并无内在联系，反驳论据必然落空。

美国第十六任总统林肯年轻时是一位律师。一次，他得悉朋友的儿子小阿姆斯特朗被控为谋财害命，已初步判定有罪。他以被告律师的身份，到法院查阅了全部案卷，知道全案的关键在于原告方面的一位证人福尔逊。因为他发誓说在10月18日的月光下，清楚地目击了小阿姆斯特朗用枪击毙了死者。对此，林肯要求复审。在这场精彩的复审中，有以下一段对话：

林肯问证人福尔逊："你发誓说看清了小阿姆斯特朗？"

福尔逊："是的。"

林肯："你在草堆后，小阿姆斯特朗在大树下，两处相距二三十米，能认清吗？"

福尔逊："看得很清楚，因为月光很亮。"

林肯："你肯定不是从衣着方面看清他的吗？"

福尔逊："不是的，我肯定看清了他的脸。"

林肯："你能肯定时间是在11时吗？"

福尔逊："十分肯定，因为我回屋看了钟，那时是11时15分。"

林肯问到这儿就转过身来，发表了一席惊人的讲话："我不能不告诉大家，这个证人是一个彻头彻尾的骗子。他一口咬定10

月 18 日晚上 11 时在月光下看清了被告的脸。请大家想想，10 月 18 日那天是上弦月，晚上 11 时月亮已经下山，哪里还有月光？退一步说，也许他时间记得不十分精确，时间稍有提前。但那时，月光是从西往东照，草堆在东，大树在西，如果被告的脸面对草堆，脸上是不可能有月光的！”

大家先是一阵沉默，紧接着掌声、欢呼声一起迸发出来，福尔逊傻了眼。在这里，林肯运用了釜底抽薪的反驳技巧，戳穿了福尔逊的谎言，澄清了事实，彻底驳倒了福尔逊的论点，还小阿姆斯特朗以清白。

釜底抽薪法就是要找出对方论据中的虚假处，用确凿的事实来反驳对方，这样，对方精心构筑的言论布局就会因基础瓦解而全面崩盘。

激烈的辩论台前难免会碰到咄咄逼人或是气势汹汹的对手，其语言攻势如同锅中热水，往往达到了沸沸扬扬的程度。面对这种情况，舌战的当务之急就是抑制对方逐渐高涨的气势，而抑制的最佳方法就是抽去“锅下的柴火”，从根本上解决问题。正如古人所云：“故扬汤止沸，沸乃不正；诚知其本，则去火而已矣。”

巧设“口袋”，请君入瓮

当对方不轻易上钩时，便辅之以激将等法，来尽快诱使对方进入你预先设好的圈套。这是诱敌入瓮的关键所在。

作为一种辩论技巧，“请君入瓮”的关键就在于巧设圈套和伺机点破，使对方“哑巴吃黄连——有苦说不出”，无言以对，自甘以输。

英国文学家萧伯纳在一个晚会上，独自坐在一旁想心事。

一位美国富翁非常好奇，便走过来对萧伯纳说：“萧伯纳先生，我想出一块钱来打听你在想什么？”

显然，这位富翁不但干扰了萧伯纳的思绪，而且浑身还散发着一股铜臭味。他的话不仅俗不可耐，而且完全是对萧伯纳人格的侮辱。

对富翁庸俗的做派，萧伯纳决定给予反击。他抬头看了一眼富翁，说：“我想的东西不值一块钱。”

这下更引起了富翁的好奇，他急不可待地问道：“那么你究竟在想什么东西呢？”

萧伯纳笑了笑，叹了口气说：“我想的东西就是你呀！”

萧伯纳的回答可谓典型的“请君入瓮”。富翁问他在想什么，如果他直接回答的话，必然兴味索然，达不到反击的目的。而他所说的“我想的东西不值一块钱”，自然就勾起了富翁的好奇心，使他不知不觉地上钩，非要对“不值一块钱”的“东西”问个水落石出不可。萧伯纳见“蛇”已“出洞”，便抓住玄机揭“谜底”，于是道出了“我想的东西就是你”。语言虽然简短，但却巧妙地给了富翁当头一棒。

使用请君入瓮这一辩论技巧，必须注意以下三个问题：

第一，“口袋”要设好。

在揣摩对手心理状态的基础上，主动以进攻者的姿态发问，或假设其事，或虚言夸张，巧布疑阵，设好“口袋”，诱使对方上钩，为后面做好准备。

第二，反击要有力。

一旦对方进入“口袋”，就应不失时机地扎紧袋口，迅速出击，瓮中捉鳖，不给对方以回旋的余地。

反击时要配以类比、归谬、两难推理等方法，与前面设下的“口袋”遥相呼应，由此及彼，抓住要害，给予有力的反击。

第三，引诱要巧妙。

可以采用障眼法，巧布疑阵，不露痕迹，以免被对方识破而功亏一篑。当对方不轻易上钩时，便辅之以激将等法，来尽快诱使对方进入你预先设好的“口袋”。这是诱敌入瓮的关键所在。掌握好这一技巧，则能使自己的辩论无懈可击。

巧施策略，反驳对方的诡辩

诡辩的逻辑如果是错误的，不妨顺着这个错误的逻辑，将错就错，就地取材，进行反驳。

在现实生活中，有的人为了维护自己的观点或看法，往往会以诡辩来向对方发难，陷对方于被动尴尬的境地。诡辩在辩论中固然厉害，但诡辩自身存在着语言模糊、内容矛盾、逻辑错误等方面的局限性，因此反驳诡辩可行的方法就是抓住本质加以辩驳。

诡辩的语言如果含混不清、模棱两可时，可通过对其语言进行判断、分析，解释批驳对方的荒谬观点和不实之词，阐明自己的立场和观点。请看老张和老刘的辩论：

老张问："在金钱和道德之间，你选哪一个？"

老刘不假思索地回答："当然选道德。难道你选金钱？"

老张诡秘地说："我是选择金钱，因为我缺少金钱。你选择道德，那是因为你缺少道德。"

老刘听了老张的不友好言语，立即反驳说："你的话只讲对了一半，十分的道德，我已有九分，还缺少一分，所以我选道德；万贯的家财，你已有九千贯，但你还缺少一千贯，所以你选金钱。因此，准确地说，我选道德是我崇尚道德，你选金钱是你贪图金钱。”

从上例不难看出：老刘重义，老张重利。然而，老张为了给老刘脸上抹黑，构设了一个以模糊语言为核心的诡辩以嘲讽老刘。这个诡辩的关键词语“缺少”在特定语境中是很模糊的，即包含了“缺得很多、缺得不多、缺一点点”等方面的意思。老刘的反驳针对“缺少”这一模糊的词语，用形象的语言清晰地把它量化出来，否定了自己“缺德”、老张“缺钱”的荒谬论断，最后用“崇尚”来褒扬自己对道德的追求，用“贪图”来贬斥对方对金钱的贪得无厌。

只要能在以上三个方面中的任何一个找到突破口，就可以轻松反驳论敌的诡辩。

先发制人，获取辩论中的主动权

在辩论时，最经常也是最奏效的战略就是主动出击，先发制人，因为只有在进攻、进攻、再进攻中才能始终把握主动权。

“先发制人”重在一个“先”字，贵在一个“制”字。当你了解别人将要说一些对你不利的话或让你办一些不想办的事时，你可抢先开口，或截、或封、或堵、或围、或压、或劝，明确地告知对方免开口，打断对方的话题，用其他话题岔开。这样就能牢牢掌握交际的主动权，达到自己拒绝的目的。

辩论不是简单的舌战，更不是街头泼妇骂架，而是进攻与防守综合艺术的运用。顾头不顾尾的蛮攻和忍气吞声的防守都会造成灭顶之灾。

孙子曰："备前则后寡，备后则前寡，备左则右寡，备右则左寡，无所不备，则无所不寡。"在辩论时，最经常也是最奏效的战略就是主动出击，先发制人，因为只有在进攻、进攻、再进攻中才能始终把握主动权。但不能盲目进攻，要掌握进攻技巧，才能取得好的效果。

1. 正面进攻

辩论中，与对方短兵相接，面对面地直接驳斥对方的论点，尤其是中心论点，指出对方论点的错误和明显违背事实和常理的地方，使其主张不能成立，是辩论制胜的法宝。这就是所谓正面进攻。这是大规模的正规军决战常用的手法，最常用，也最难以掌握。

1988 年，"亚洲地区大学生论辩赛"预赛的第一场，香港中文大学队对新加坡国立大学队，辩题是"个人功利主义是社会进步的最重要因素"。辩题即论点，站在反方的香港中文大学队的一名队员发言指出：

"孙中山领导辛亥革命，推翻了中国两千多年的封建统治，难道是因为个人功利主义吗？爱迪生发明了电灯，造福于全人类，难道是因为个人功利主义吗？"

上述例子中采用的就是正面进攻，直接反驳辩题。只用两个反问句，举出两个无可辩驳的历史事实。孙中山领导的辛亥革命，中国及全世界都知道；爱迪生的科学发明，给全世界带来了光明，更是世人皆知。论者用这两个促进社会进步的重大历史事实，直接证明“个人功利主义是社会进步的最重要因素”这一论点的错误。这一方法的效果是全面而且有力的。

2. 侧面进攻

侧面进攻指不与对方正面交锋，或是因对方论点看似十分坚强，难以找到漏洞，而从侧面驳斥对方的论据，或提出对方论据逻辑上的毛病，加以迎头痛击，彻底打垮对方。

3. 迂回进攻

迂回进攻是指不与对方近距离接触，而先远距离地进攻，如从挑剔对方的论辩态度不妥或论辩风度有失，开始诘难，进而抓住对方的论辩企图，深入进行驳诘。用这种方法，往往使对手措手不及，难以应答。

4. 包围进攻

包围进攻是指当对方分论点很杂时，可以分割包围对方核心论点、周围的分论点及论据，逐一进行驳诘，最后推翻对方的核心立论。既然对方分论点不能成立，其核心立论自然不成立。在辩论中，要做到先发制人，抢先掌握主动权，只有以正确的进攻方式攻击对手，在攻击过程中发现对方的破绽抢先下手，进而穷追猛打，方可达到预先目的，并一举取胜。

第五章 响鼓不用重捶，批评的话说得恰如其分

批评时应遵守的原则

批评者如果能够遵循批评的基本原则，那么他的批评将会更容易被对方所接受。

世上没有十全十美的人，每个人都有可能会犯错。有的人会忍不住大发雷霆，严厉斥责犯错的人。然而在一阵狂风暴雨之后，你可能会沮丧地发现，你的“善意”并没有被对方所接受。倘若，我们给批评裹上“糖衣”，也许批评会更容易为人所接受。

一天中午，钢铁厂厂长查理·夏布偶然走进厂里，撞见几个工人正在吸烟，而在那些工人头顶的墙上正悬着“禁止吸烟”的牌子。

夏布没有直接地批评工人。他走到那些工人面前，拿出烟盒，给他们每人一支雪茄，然后请他们到外边抽。

那些工人知道自己已违反了规定，可是夏布先生不但没有责备他们，还给他们每人一支雪茄，工人们很高兴，以后再也没有在厂里吸烟了。

其实，批评不一定要用尖刻的言语，有时“温柔细语”更能起来劝说、评批所要的效果。

在生活和工作中，批评是必不可少的，因为缺点每个人都有，只有认识到自己的缺点并加以改正，才有可能获得进步。这就是批评的价值所在。

但是，在批评时，一定要讲究方式、方法。否则难以达到预期效果。那么，批评需要遵循哪些原则呢？

1. 体谅对方的情绪

开门见山地批评他人显得有点残酷，会给对方的心理蒙上一层阴影。所以，当你在批评他人时，不妨设身处地地站在对方的立场考虑一下，自己是否能接受得了这种批评。如果批评的话自己听来都有些生硬，那么就该检讨一下自己的措辞。

另外，也要考虑批评的场合。不注意场合的批评，任何人都很难接受。

2. 诚恳而友好的态度

批评是一个敏感的话题，哪怕是轻微的批评，都不会使人感到舒畅，而且，批评者此时会显得很挑剔。所以，如果批评者态度不诚恳，居高临下，反而会引发矛盾，使对方产生对立情绪。

因此，批评必须注意态度，诚恳而友好的态度往往能使摩擦减少，使批评达到预期效果。

3. 只说眼前，不提过去

批评应该站在如何解决当前问题、将来如何改进的立场上进行。

这样的批评才是理想、得当的。

4. 批评时一对一，莫让他人听到

批评时若有他人在场，被批评者会有屈辱感，由此心生反感，找理由辩解，而无心自省。因此，不到万不得已，不要当众批评他人。

寻找最佳突破口

如果抓住情绪已经产生强烈波动即将导致不正常行为的时刻予以说服，阐明利害得失，对方就会受到震动，恢复理智，幡然醒悟。

人的心理是客观现实在头脑中的反应，外界的刺激会引起人的心理变化，突然的刺激会导致心理波动。这时人们往往情绪反应强烈，特别是年轻人情感更为动荡、极易冲动，情感有余，而理智不足。情感的潮水会漫过理智的堤坝，在激情的驱使下会采取事后追悔莫及的过火行为。

如果抓住情绪已经产生强烈波动即将导致不正常行为的时刻予以说服，阐明利害得失，对方就会受到震动，恢复理智，幡然醒悟。而过早地进行说服，会被对方认为神经过敏或无中生有；时过境迁，再去说服教育，易被对方看成“事后诸葛”，或秋后算账，都不能收到好的效果。

要抓住最佳时机，就要善于在人的思想、情绪容易发生变化或可能出现问题的关口及时进行说服教育。一般来说，工作调动、毕业分配、入党入团、家庭事件、婚恋受挫、升职加薪、意外事故、住房分配、子女就业、战士报考军校、退伍回乡、请假探家、负伤患病等，人们在面临这些情况时，极容易产生思想波动，这也正是进行说服的好时机，在这种时刻要及时劝导提醒，防患于未然。

个别说服的时机是否恰当，可以通过观察对方的情绪表现进行判断。如果对方心平气和，或者表现出情绪超乎平静的迹象，这往往说明时机较为合适。如果发现对方表现出反感或对立情绪，我们除应检查谈话方式、方法或自己的观点、态度是否正确外，还应考虑谈话的时机是否成熟，及时中止谈话，以免造成不好的后果。这时，我们应积极观察，耐心等待；或者采取恰当措施，创造有利的时机，使说服一举奏效。

实际上，“最佳时机法”所强调的最佳时机，并没有具体标准，也并不仅限于上面事例中所展示的模式，全靠我们在具体情况下从说服目的出发，针对对方的思想状态和心理特点，自己揣摩和把握。

只要我们具有敏锐的观察力、准确的预测和果断、灵活的思维能力，我们的说服工作就会像杜甫诗句中“知时节”的“好雨”那样，“当春乃发生”，恰到好处地滋润人们的心田。寻找说服的最佳突破口，不仅仅是从把握最佳时机着手，我们还可以从对方最得意的事情说起。

生活中其实每个人都有自己认为得意的事情，事情的本身，究竟有多大价值，是另一问题，而在他本人看来，却认为是一件值得终身纪念的事。如果你能预先打听清楚，在有意无意之间，很自然地讲到他得意的事情，只要他对你没有厌恶的情绪，只要他目前没有其他不如意的事情，在情绪正常的情况下，他一定会高兴地听你说的，当然此时说服他就容易多了。

当然，我们在进行说服时要注意技巧，表示敬佩，但不要过分推崇，否则会引起对方的不安。对于这件事情的关键，要慎重提出，加以正反两方面的阐述，使他认为你是他的知己。到了这种境地，他自然会格外高兴，会亲自讲述，你应该一面听，一面说几句表示赞赏的话，如此一来，即使他是个冷静的人，也会变得和蔼可亲，你再利用这个机会稍稍暗示你的意思，进行试探，作为第二次进攻的基点。这不是失败，而是你说服他的初步成功，对于涉世经验不丰富的人，得此成绩，已不算坏，若想一举成功，除非对方与你素有交情，又正逢高兴的时候，而且你的谈吐又是很容易令人接受的，否则千万不要存此奢望。

不过对方得意的事情要从哪里去探听，那当然要另谋途径，试着在你的朋友中找一下有否与对方交往的人，如果有，向他探听当然是最容易的。如能留心报纸上的新闻或其他刊物，平日记牢关于对方的得意事情，到时便可以应用。此外，随时留心交际场中的谈话，像这些时候谈到对方得意的事情，也是很平常的。因为对方在高兴的时候，易于接受你的请求；在对方不高兴的时候，虽是极平常的请求，也会遭到拒绝。比如对方新近做成了一笔生意，你称赞他目光精准，手腕灵活，引得他眉飞色舞，乘机稍示来意，也是好机会。诸如此类的例子很多，全在于你随时留心，善于利用。不过，当你提出请求时，你得要看时机是否成熟，另外，你在说服过程中要保持不亢不卑。过分显出哀求的神情，反而会引起对方藐视你的心理。尽管你的心里十分着急，但说话表情还是要表现得大方自然，并且要说出为对方着想的理由来，而不只是为你自己打算。

批评别人时要给对方台阶下

装作不理解对方尴尬举动的真实含义，故意给对方找一个善意的行为动机，给对方铺一个台阶下。

当批评别人的时候，对方可能会有下不来台的时候。这个时候如果能巧妙地给人台阶下，就可以为对方挽回面子，缓和紧张难堪的气氛，使事情能顺利进行。要达到这样的目的，就应该学会使用下列的技巧，在批评别人时给对方台阶下。

1. 给对方寻找一个善意的动机

装作不理解对方尴尬举动的真实含义，故意给对方找一个善意的行为动机，给对方铺一个台阶下。

有一位老师曾经讲过这样一个故事：

一天中午，他路过学校后操场时，发现前两天帮助搬运实验器材的几位同学正拿着一个实验室特有的凸透镜在阳光下做“聚焦”实验。当时那位老师就想：他们哪来的透镜？难道是在搬器材时趁人不备拿了一个？实验室正丢了一枚。是上去问个究竟还是视而不见绕道而去？为难之时，同学们发现了那位老师，从同学们慌忙的神情中老师肯定了自己的判断。当时的空气就像凝固了似的，但是这位老师很快想出了一个妙方，他笑着说：“哟，这透镜找到了！谢谢你们！昨天我到实验室准备实验，发现少了一个透镜，我想大概是搬器材过程中丢失了，我沿途找了好几遍都未能找到，谢谢你们帮我找到了这个透镜。这样吧，你们继续实验，下午还给我也不迟。”同学们轻松地点了点头，一场尴尬就这样被轻松解决了。

这位老师采用了故意曲解的方法，装作不懂学生的真实意图，反装作是他们帮助自己找到了透镜，将责怪化成了感激，自然令学生在摆脱尴尬的同时又羞愧不已。

2. 顺势而为

依据当时当场的势态，将对方的尴尬之举加以巧妙解释，使原本只有消极意味的事件转而具有积极的含义。

有一次，县教委的一些同志来学校听课，校长安排1班的李老师讲课，这下可使李老师犯难了。他既怕课讲得不好，又忧虑有的学生答问题时成绩不佳，有失面子。课堂上，他重点讲解了词的感情色彩问题。在提问了两位同学取得良好效果后，接着提问县教委一位领导的孩子："请你说出一个形容 ××× 的美丽的词或句子。"

或许是课堂气氛紧张，或许是严父在场，也可能兼而有之，这名同学一时为难，只是站着。

李老师和那位领导都显出了尴尬的脸色。瞬间，这位老师便恢复正常，随机应变地讲道："好，请你坐下，同学们，×× 同学的答案是最完美的，他的意思是说这个人的美丽是无法用文字和语言来形容的。"

这一妙解为县教委领导孩子尴尬的"呆立"赋予了积极的意义，使他顺利下了台阶，而李老师本人和那位领导本人也自然摆脱了难堪。

3. 委过于不在现场的第三者

故意将对方的责任归于不在现场的他人，主动地为对方寻找遮掩不妥行为的借口。

一位女顾客在某商场为丈夫购买了一套西服，回家穿后，丈夫有点不大喜欢这种颜色。于是，她急忙将西服包好，干洗后拿商店去退货。面对服务员，她说那件衣服绝没穿过。

服务员检查衣服时，发现了衣服有干洗的痕迹。机敏的服务员并没有当场找出证据来拆穿她，因为服务员懂得一旦那样做，顾客会为了顾及自己的面子而死不承认的。这位服务员就为顾客找了一个台阶。她微笑着说："夫人，我想是不是您家的哪位搞错了，把衣服送到洗衣店去了？我自己前不久也发生过这类事，我把买的新衣服和其他衣服放在一起，结果我丈夫把新衣服送去洗了。我想，您大概是否也碰到了这种事情，因为这衣服确实有洗过的痕迹。”

这位女顾客知道自己错了，并且意识到服务员给了她台阶下，于是不好意思地拿起衣服，离开了商场。

4. 将尴尬的事情严肃化

故意以严肃的态度面对对方的尴尬举动，消除其中的可笑意味，缓解对方的紧张心理。

第二次世界大战时，一位德高望重的英国将军举办了一场祝捷酒会。除上层人士之外，将军还特意邀请了一批作战勇敢的士兵，酒会自然是热烈而隆重。没料想，一位从乡下入伍的士兵不懂酒席上的一些规矩，捧着面前的一碗供洗手用的水喝了，顿时引来达官贵人、夫人小姐的一片讥笑声。那士兵一下子面红耳赤，无地自容。此时，将军慢慢地站起来，端着自己面前的那碗洗手水，面向全场贵宾，充满激情地说道：“我提议，为我们这些英勇杀敌，拼死为国的士兵们干了这一碗。”言罢，一饮而尽，全场为之肃然，少顷，人人均仰脖而干。此时，士兵们已是泪流满面。

在这个故事里，将军为了帮助自己的士兵摆脱窘境，恢复酒会的气氛，采用了将可笑事件严肃化的办法，不但不讥笑士兵的尴尬举动，而且将该举动定性为向杀敌英雄致敬的严肃行为。乡下士兵不但尴尬一扫而尽，而且获得了莫大的荣誉，成为在场的焦点人物。

批评孩子的同时还需要对其正确引导

冲突本身并不可怕，关键在于如何正视冲突，并合理地处理和化解冲突。

随着社会的发展，人们的价值观、世界观发生了巨大的变化，父母与孩子之间由于生活在不同的时代而产生了基本价值观的差异，比如，孩子嫌父母古板、循规蹈矩，父母抱怨儿女不踏实、太新潮……

孩子与父母之间的这种冲突是孩子成长过程中必经的关口。冲突本身并不可怕，关键在于如何正视冲突，并合理地处理和化解冲突。

有时候，林女士会羡慕别的家庭，他们的孩子怎么就能和父母无话不谈？甚至恋爱的秘密也一起分享。但她女儿灿灿最爱说的就是：“妈妈你别管了，我自己会处理。”

林女士第一次发现灿灿特有主见还是在中考时。

那时，灿灿已经被通知保送，直升本校重点高中。灿灿学习成绩一直很好，能保送就算是进了保险箱。但在此前，灿灿一直在考虑报考一所更好的学校。到底该如何选择？要知道，被保送已经是许多孩子梦寐以求的了。

那个月，这个话题一直在林女士家的饭桌上讨论不休。如果放弃保送，万一考不上，对灿灿会不会是个沉重的打击？而且，即便那时再考上本校，还要多交一大笔学费。而且，本校会不会不愿意接收呢……他们尽可能倾听灿灿对学校的感受，和灿灿商讨各种可能性，并介绍自己在工作生活中的教训……其实，林女士和她丈夫心中早有定数：希望她还是接受保送。“但我们能替孩子做决定吗？谁又能保证她执行的效果？”于是他们告诉灿灿：“这件事由你自己决定。”

其实，女儿非常认真地听取了她们的意见。林女士心里也在打鼓：“我和丈夫应该支持孩子在事关前途的问题上冒险吗？”

终于有一天，女儿回家后淡淡地说：“爸，妈，我今天对老师说，我放弃保送名额了。”

一瞬间的震惊。林女士和丈夫迅速对视一眼，马上表示：“那就这样吧！”再没多说什么。可是回到卧室，她和丈夫谈到深夜，心中不知是惊喜还是担忧。没想到孩子这么小就有了决断力和对自己负责的态度，她既然愿意逼自己一下，不管结果如何他们都接受。

几个月过去了，孩子还是以几分之差落回了本校。之后半年多的时间，孩子经历了期望值的失落、对学校的不满意和与其他同学比较后的失衡。看着她烦躁的神情，林女士的担心真是难以形容。

就在那时候，林女士常常用自己的经历来给女儿“打气”。

她给灿灿讲述她18岁离家插队时，单纯、胆怯、对社会一无所知，十多年来，面对艰难困苦的生活，她和丈夫是如何熬过来的，如何靠着自己的奋斗走出困境。她对灿灿说："我跟爸爸现在拥有大部分好的经验、能力也都是在不断地失败中得来的，经历点挫折也不是坏事，这是成长中一次重要的心理考验，别人无法替代。只有依靠自己不断地打拼、锻炼才能取得成功。"林女士丈夫一直都在灿灿的身边默默地支持她。后来，灿灿逐渐从失败的阴影中走出来，并考上了北京著名的高等学府。

其实，独立是孩子成长的需要，处于青春期的个体具有明显的独立性和成人感心理。若父母对这些"准大人"仍采取强权态度，喜欢命令孩子，不但没有效果，反而会增加孩子的抵触情绪，加大父母与孩子之间的代沟。假如父母能认识到这是孩子个性的表现，抱着理解、尊重和正确引导的态度去面对，那么两代人之间的代沟自然容易消除。

以柔克刚，正话反说吐逆耳忠言

很多谈话高手在批评别人时，都会选择一种委婉的方式。

人们总是认为：口才好的人总能在交际中左右逢源，随机应变。而语讷的人常常会感到自惭形秽，认为自己不善于交际，对人际交往失去信心。其实在社会交往中，如何把话说得恰到好处才是成败的关键。

俗话说："良药苦口利于病，忠言逆耳利于行。"我们要把话说得恰到好处，那么为何不用顺耳的忠言、温柔的言语来化解矛盾呢。试想一下，公园里草地上竖立的牌子，有的写着："小草默默含羞笑，来往游客莫打扰"、"百花迎得嘉宾来，请君切莫用手摘"，有的则用诸如"禁止"、"罚款"等字眼。哪一种更能博得游人的喜爱，使花草得到爱护，这是一目了然的。

不论是工作还是生活中，一个人的能力毕竟是有限的，不可能把任何事情都做到十全十美，时常犯一些错误是在所难免的，同学之间、同事之间，如果真诚地提出善意的批评，对于双方都是有益的。对于他人的任何批评和帮助，我们要满怀诚意，虚心接受。但是，既然是批评，语言可能会尖锐一些，语气也会严厉一些，忠言逆耳或者顺耳，批评能否被接受，这取决于批评者说话的方式方法。

某领导发现秘书写的总结有不妥之处。他是这样批评秘书的："小张，这份总结总的来说写得不错，思路清楚，重点突出，有几处写得很有见地，看来你下了工夫。只是有几个地方提法不妥，有点言过其实，有的地方尚缺定量分析，麻烦你再修改一下。你的文笔不错，过去几次写总结也是越修改越好，相信你这次也一定能改出一个好总结来。"

这样说，秘书会感到领导对自己很公正、很器重，充满期望和信任，因而就会很卖力地把总结改好了。

人活一张脸，树活一张皮。一个人的自尊是最宝贵的也是最脆弱的。很多谈话高手在批评别人时，都会选择一种委婉的方式。聪明人总是在发现对方的不足时，想办法找个机会私底下向他透露，而且批评也是较为含蓄的，甚至他会将批评隐藏在玩笑中，这样就能让对方很容易地接受建议了。

把握好说话的分寸，不可太露骨

当我们发现对方行为有所缺失时，不必说得太露骨，稍微暗示一下对方，或者旁敲侧击地提醒，对方通常能够明白你的意思，还会对你的善意规劝表示好感。

事情有缓急，说话有轻重。有些人在日常交际中，考虑问题缺乏理智，不计后果，说话没轻没重，以致说了一些既伤害他人、也不利自己的话。其实，把话说得有轻有重，并非人们想象的那么难。只要将心比心，把对别人说的话放在对自己说的位置上想一想，就知道我们所说的话有多少分量了。

说话轻重，通常出现在规劝或批评对方的情况中，所以掌握好轻重的比例，是非常重要的。谁都知道“人非圣贤，孰能无过”。所以，当我们发现对方行为有所缺失时，不必说得太露骨，稍微暗示一下对方，或者旁敲侧击地提醒，对方通常能够明白你的意思，还会对你的善意规劝表示好感。

宋朝益州的张咏，听说寇准当上了宰相，对其部下说："寇公奇才，惜学术不足尔。"张咏与寇准是多年的至交，他很想找个机会劝劝老朋友多读些书。

恰巧时隔不久，寇准因事来到陕西，刚刚卸任的张咏也从成都来到这里。老友相会，格外高兴。临分手时，寇准问张咏："何以教准？"张咏对此早已有所考虑，正想趁机劝寇公多读书。可是仔细一琢磨，寇准已是堂堂宰相，居一人之下，万人之上，怎么好直截了当地说他没学问呢？

张咏略微沉吟了一下，慢条斯理地说了一句："《霍光传》不可不读。"回到相府，寇准赶紧找出《汉书·霍光传》，从头仔细阅读，当他读到"光不学无术，阇于大理"时，恍然大悟，自言自语地说："此张公谓我矣！"是啊，当年霍光任过大司马、大将军要职，地位相当于宋朝的宰相，他辅佐汉朝立下大功，但是居功自傲，不好学习，不明事理。这与寇准有某些相似之处。因而寇准读了《霍光传》，明白了张咏的用意。

虽然张咏与寇准过去是至交，但如今寇准位居宰相，直截了当地说不一定合适。在这种情况下，张咏的一句赠言："《霍光传》不可不读。"可以说是绝妙的。别小看这一句话，其实它能胜过千言万语。而张咏通过让寇准去读《霍光传》这个委婉的方式，使寇准愉快地接受了自己的建议。

那些熟谙暗示手段提醒别人的人，通常能将自己善意的评价和论断很好地传达给对方，其结果通常使评价方和被评价方获得双赢。虽然人人皆知直言不讳是耿直的表现，但是物极必反，有时候态度越强硬，越达不到你想要的效果。最为高明的手段是根本不提“批评”二字，而是逐渐“敲醒”听者，启发他自我反省。

奉劝别人的话并不是随口说出来的，我们必须思考应该以什么样的方式把它说出来而不会让对方难堪。对于那些有自知之明的人，最好采用暗示的方式，因为这样做就可以达到劝说的目的了，无须再把话挑明，反而多加一层伤害。

看透但不点透：事情说得太白会伤和气

人非圣贤，有时难免会做一些不适当的事。在这种情况下，就要把握好指责他人的分寸，即使看破别人的心思也不要去点破。

在人际交往中，有的事不必弄得太明白，只要大家心知肚明就可以了。俗话说：看透别说透。事情说得太白，反而会伤和气，或显得太无聊。懂得此术，在交际中自然游刃有余。

一日，老姜在县上巧遇好友老刘。一番寒暄之后，老刘说道："我正想去找你，恰好你来了。"

"有啥事我能帮上忙的？"老姜好奇地问。

"×镇的朱××诉H镇的周××赔偿一案，你们受理的吧？"

"是啊。"

"周××是我的老乡。他是复员军人，共产党员，这人……"老刘说。

老姜插话笑道："你不必介绍他的政治面貌了，我们又不选拔干部。如果看政治面貌，那么，若遇上一件书记告贼的民事案子的话，岂不是连审判程序也不必进行，直接判书记胜诉就行了吗？"

"对对对。"老刘连连点头。

"但凡人们总爱把犯过错误的人看扁，犯过错误的人又不敢激烈申辩自己的正确主张。你是明理之人，为他辩护即可起到维护其合法权益的作用。你说，对吗？"老姜说。

"言之有理。"

一番说笑后，二人分手了，没有因此产生半点隔阂。

相反，那些事事追究到底，口无遮拦地说出心中所想的人，在很多时候往往会破坏原本融洽或是可能融洽的气氛。

在一次会议上，张教授遇见了一位文艺评论家。互通姓名后，张教授对这位文艺评论家说："久仰久仰，早就知道您对星宿很有研究，是位大名鼎鼎的天文学家。"评论家半天没有反应过来，以为是张教授搞错了，忙说：“张教授，您可真会开玩笑，我是搞文艺评论的，并不研究什么天文现象。您是不是弄错了。”张教授正言答道：“我怎么是跟您开玩笑呢。在您发表的文章里，我时常看到您不断发现了什么‘著名歌星’、‘舞台新星’、‘歌坛巨星’、‘文坛明星’等众多的星宿，想来您一定是个非凡的天文学家。”弄得这位评论家尴尬不已，什么也没说，坐了一会儿就走了。

为人处世，虽需练就一双“火眼金睛”，同时也要做一只“闷嘴葫芦”，这样才能万无一失。像故事中的张教授以为自己看得挺明白，于是就对人大加指责；而故事中的老姜则不同，他明白“看透不说透”的道理。这两种人在处理事情时得到的结果也自然不同了。

谁都会有出错的时候，如果只是一味地泄私愤、横加批评、讲刺话，总是数落对方“你怎么这么笨”、“你怎么总是这样”、“你这样做太不应该了”等，是不太妥当的。

人非圣贤，有时难免会做一些不适当的事。在这种情况下，就要把握好指责他人的分寸，即使看破别人的心思也不要去点破。要保全别人的面子，这是在人性丛林中生存的法宝。因为你不去点破他人的心思，充其量是落得他人的埋怨，却不至于引发什么危机。

因此，当某人行事真有问题时，在他内心有时会反省，觉得抱歉、恐慌、不知所措，此时如果你再批评指责他，那么他会因为你的谴责而羞愧难过，有的甚至从此一蹶不振，无法再树立自信。如果换种语气，换个方式，比如，“从今以后，你会做得比这次好”，或者“我想，下次你一定不会再犯这样的错误了”等诸如此类的话，对方不仅会感激你对他的信任，同时会感受到你的真诚，更重要的是有了改正错误的信心，对方在今后的工作、生活中，必定小心谨慎。

批评之后给对方铺退路

有时候为了给犯错的人铺一条退路，还可以假定双方在开始时没有掌握全部事实。

有一位老师曾遇到过这样一件事：下课了，有个学生向老师反映，昨天她爸爸作为生日礼物送给她的一支黑色派克钢笔不见了。老师观察了一下全班同学的表情，发现坐在该女生旁边的那个学生神情惊慌，面色苍白。钢笔可能是她拿的。当面指出吧，苦于没有充分的证据；搜身吧，又不近情理。这位掌握一定攻心技巧的老师想了想说：“别着急，肯定是哪个同学拿错了。只要等会儿她发现了，一定会还给你的。”说完，老师看了看那个学生。果然，下课以后，那个拿了钢笔的同学趁旁人不在的时候，赶紧把钢笔偷偷地放回了那个女同学的笔盒里。

这个故事告诉我们，如果他人犯错误，我们批评时要抱着一种理解的态度，不要一棒打死，而是要在批评之后给对方铺退路。因为，人都是有各种各样的弱点的，完美的人只有在童话或神话中才存在。现代生活中的人都是凡夫俗子，都或多或少地犯错误。

假如老师直接把自己的怀疑说出来，并严厉地批评偷笔的同学，把话说绝，把退路都堵死了，难免会使一时犯错的同学受到伤害，甚至会因使对方过于难堪而导致更糟糕的状况发生。相反，这位老师用暗示的方法给犯错的同学留下了弥补错误的机会。在人际交往中，我们不应该对所有犯错的人都予以不可辩驳的宣判，而是应该使对方下定“明天起要再加油”的决心，给他们改正醒悟的机会。

有时候为了给犯错的人铺一条退路，还可以假定双方在开始时没有掌握全部事实。例如，你可以这样说：

“当然，我完全理解你为什么会这样设想，因为那时你不知道那回事。”

“在这种情况下，任何人都会这样做的。”

“最初，我也是这样想的，但后来当我了解到全部情况时，我就知道自己错了。”

精明的人在说话时都懂得不撕破脸，在对方没有退路时给对方铺退路。这样对方也会自知理亏，而早早收场，不再纠缠。

从另一个角度来说，人与人之间的个人情感是不能回避的。

随着社会的发展，人际交往中的人情味也会变得越来越浓。社会越前进，社会分工越细，人际的情感依存越强，人的情感就显得更加可贵。这个问题有利也有弊，社会中的领导者尤其应该重视这个问题。比如对一些影响不大，又不属于原则性的错误，进行了批评，达到了批评的目的，就可不再声张，甚至也不必再言及领导班子中的其他人。有时也可以直接告诉被批评者，说明到此为止，不再告之他人。这都可使对方得到尊严上的安全感，产生情感约束力。

第六章

点中关节，打圆场三言两语化解纠纷

BA HUA
SHUO DAO
DIANZI SHANG

发生冲突时切忌失去理智

人与人之间难免因某种原因产生摩擦，这时，如果把话说得过重，就会使矛盾激化，相反，如果压制自己的情绪，则会让事情平息下来。

日本得过直木奖的作家藤本义一，是位颇为知名的人。

一次，他的女儿超过了晚上时限 10 点钟，于 12 点方才带醉而归，开门的藤本夫人自是破口训斥了一顿，之后还说：

“总而言之，你还是得向父亲道个歉。”

顿时，她也清醒了不少，感到似乎大难就要临头了，于是便怯怯地走向父亲的卧房，面色凝重的父亲却只说了句：“你这混蛋！”之后便愤然离去，留下了无言的女儿独自在黑暗中。

虽然只是一句话，但却深深刺痛了她的心，然而晚归之事，自此便不再发生。

为人父母者都有责备孩子的经验，多半也了解孩子可能有的反抗心，所以要他们反省是相当困难的。通常会以一句：“你是怎么搞的，我已经说过多少次……”想让他们了解并且反省，此时他们若有反抗的举止，父母又会加一句：“你这是什么态度？！”

然后说教更是没完。

如此愈是责骂，反抗心便愈是高涨，愈是希望他们反省，反愈得不到效果，于是情况就会变得更糟，但藤木义一的这种做法，使他女儿的反抗心根本无从发泄，反而转变为反省的心。

因藤本夫人的一顿训斥，已足够引起女儿的反抗心，但藤本义一却巧妙地将它压抑住，反而使女儿的内心感到十分歉疚，因为父亲的一句"混蛋"，实胜过许多无谓的责骂，她除了感激，实在无话可说。

压制自己的情绪，在遇到愤怒的事情时，切勿失去理智，口不择言。通常有些过头话是在感情激动时脱口而出的。人们为了战胜对手，往往夸大其词，着意渲染，"攻其一点，不及其余"，甚至使用污言秽语。如夫妻吵架时，丈夫在火头上说："我一辈子也不想见到你！"这话显然是气话、过头话，是感情冲动状态下的过激之言。事过之后，冷静下来，又会追悔莫及。所以，在情绪激动时，要特别注意控制，切莫怒不择言，出语伤人。同时，因为双方有矛盾，说话就难免很冲、带刺，如果你也采取同样的态度回击，则积怨更深，最好的办法就是避其锋芒。钢刀砍在石头上，肯定会溅起火星，如果钢刀砍在棉花上，则软而无力。对方一定不会再强硬下去。历史上廉颇与蔺相如"将相和"的故事，告诉我们的就是在与有误解或隔阂的人相处时，应避其锋芒，不要硬碰硬，不说过头话，使用的语气不要咄咄逼人，如果一方能主动示弱，便有利于矛盾的化解。

拿不准的问题不要武断

一般人并不怕听反对自己的意见，不过人人都愿意自己用脑筋去考虑一下各种问题。对于自己未必相信的事情，都愿意多听一听，多看一看，然后再下判断。

为了给别人考虑的余地，你要尽量缓冲你的判断结论。把你的判断限制一下，声明这只是个人的看法，或者是亲眼看到的事实，因为可能别人跟你有不尽相同的经验。

除去极少数的特殊事情外，日常交往中，你最好能避免用类似这样的语句来说明你的看法。如“绝对是这样的”、“全部是这样的”，或者“总是这样的”。你可以说“有些是这样的”，“有时是这样的”，甚至你可以说“大多数人都是这样的”。

凡是对自己没有亲历，或不了解的事实，或存有疑点的问题发表看法时，要注意选择恰当的限制性词语，准确地表达。如说:“仅从已掌握的情况来看，我认为……”，“如果情况是这样的话，我认为……”，“这仅仅是个人的意见，不一定正确……”这些说法都给发言做了必要的限制，不但较为客观，而且随着掌握的新情况的增多，有进一步发表意见，或纠正自己原来看法的余地，较为主动。

有时是因事实尚未搞清，有时是因涉及面广，或者自己不明就里，都不宜说过头话，而应借助委婉、含蓄、隐蔽、暗喻的策略方式，由此及彼，用弦外之音，巧妙表达本意，揭示批评内容，让人自己思考和领悟，使这种批评达到“藏颖词间，锋露于外”的效果。例如，可以通过列举和分析现实中他人的是非，暗喻其错误；通过列举分析历史人物是非，烘托其错误；也可通过分析正确的事物，比较其错误等。此外，还可采用多种暗示法，如故事暗示法，用生动的形象增强感染力；笑话暗示法，既有幽默感，又使他不尴尬；轶闻暗示法，通过轶闻趣事，使他听批评时，即使受到点影射，也易于接受。总之，通过提供多角度、多内容的比较，使人反思领悟，从而自觉愉快地接受你的意见，改正错误。

调解纠纷的“三宝”

在日常生活中，人与人之间有时难免会因为这样那样的原因引起争吵或纠纷，产生交往上的障碍，对于始料不及的纠纷，如果得不到及时解决，化干戈为玉帛的话，往往会使双方积怨加深，妨碍彼此间的正常关系。这时就需要纠纷外的第三者去调解，使其关系融洽。

比如说，你与一个朋友之间产生了一定的隔阂，但又不想与之断交，这就不妨请个第三者从中说和。第三者的任务是将双方的歉意及想保持交往的愿望准确真实地进行传递。

小孩子们中常常出现这种事情：“小燕，珍珍愿意和你好了，你呢？”“我也愿意。”“珍珍，小燕愿意和你好，大家拉拉手吧！”这是最简单的第三者消除隔阂的办法。成年人的世界里，这种方法用得很常见，也复杂得多。

人间需要“和事佬”。有机会充当这样的角色，是很有意义的事。有时候，双方陷入僵局，相持不下，顾及脸面，谁也不愿做个低姿态，给对方一个台阶。这时“和事佬”就大有用武之地了。“和事佬”最高超的功夫，就是打圆场。

所谓“打圆场”，是指交际双方处于争吵或尴尬境地时，由“和事佬”出面站在第三者角度进行调解。打圆场近似于捧场，同是圆滑乖巧之为，但它没有捧场那般肉麻，而且在了结现实矛盾、平息事端的功效上，都比捧场高上一筹。打圆场运用得好，可以活跃气氛，联络感情，消除误会，缓和矛盾，平息事端，还有利于应付尴尬，打破僵局，解决问题。

那么，如何才能达到顺利调解纠纷的目的，让“打圆场”打得成功呢？

1. 先表赞同，后诉歧异

调解员在进行调解时，由于其特定的身份，往往使调解对象持有紧张、戒备乃至对立的情绪。要使自己的意见易于被调解对象接受，不妨适当采用赞同的方法，即强调谈话双方在某一方面的一致性的方法，如强调共同愿望，肯定对方某一点意见的正确，等等。

这种寻找一致性的方法，有助于打消调解对象的对立心理，平定激动情绪，从而理智地、心平气和地接受自己的正确意见。这种找共鸣点，先赞同长处，后驳斥短处的调解语言，即使调解对象的委屈、愤怒心理得到了平衡，又使其顺其自然地接受了自己的意见，收到了事半功倍之效。

2. 言辞恳切，合法合情

既然是调解，那么调解的矛盾均属于没有什么严重冲突的人民内部矛盾，应以和平解决为最佳途径，这就要求调解语言既符合法律规范，又要符合调解对象的特定心理。有时调解语言虽然合理、合法，却不合情。可见，调解语言不可生搬硬套，必须根据调解对象的不同的心理特点，选用不同的调解语言。

3. 因人而语，忠言不逆

世人常说“良药苦口利于病，忠言逆耳利于行”，但随着科学技术的迅速发展，良药也裹上了糖衣，变得可口了。既然良药未必苦口，那么忠言也未必逆耳，这就取决于说话的方式方法的优劣了。调解人员要抓住调解对象自尊、爱面子的心理，从维护双方名誉出发，晓之以理，动之以情，使忠言的表达深刻得体，忠言也变得顺耳利行了。

打圆场要让双方都满意

在别人发生矛盾、争论的时候，夹在中间的滋味是比较尴尬的。作为争论的局外人，我们应当善于打圆场，让矛盾得到及时化解。但是在打圆场的时候，一定要注意一个问题，就是要不偏不倚，让双方都认为你没有偏向。否则，只能是火上浇油，还不如不说。

凡事都有诀窍，打圆场也有打圆场的学问。归纳起来，打圆场的学问主要有以下几点：

1. 说明真相，引导自省

当双方为某件小事争论不休，各说一套，互不相让，纠缠不休时，“和事佬”无论对哪一方进行褒贬过分的表态，都犹如火上浇油，甚至会引火烧身，不利于争端的平息。因此“和事佬”此时只能比较客观地将事情的真相说明清楚，而不加任何评论，让双方消除误会，从事实中反省自己的缺点或错误，引导他们各自多作自我批评，使矛盾得到解决，达到团结的目的。

2. 岔开话题，转移注意

如果属非原则性的争论，双方各执己见，而这场争论又没有必要再继续下去，那么作为“和事佬”又如何打圆场呢？如果力陈己见，理论一番，恐怕不会有效。这时，不妨岔开话题，转移争论双方的注意力。

3. 归纳精华，公平评价

假如争论的问题有较大的异议而双方又都有偏颇，眼看观点越来越接近，但由于自尊心，双方又都不肯服输，那么“和事佬”应考虑双方的面子，将双方见解的精华归纳出来，也将双方的糟粕整理出来，做出公正评论，阐述较为全面的双方都能接受的意见。这样，就把争论引导到理论的探讨、观点的统一上来了。但不能“各打五十大板”。因为，所谓“各打五十大板”是不分青红皂白、是非曲直的，那样乱批一气不利于解决问题，不可取。

劝架调解有技巧

不对争执双方做人格上的评价，而强调双方在性格、能力等方面的差异性，在客观上起到褒贬的效果，从而化解争执。人们在吵架的时候，经常为了谁对谁错、谁好谁坏而争执不休，直接的褒贬至少会引起一方的不满，甚至伤害其自尊心。因此，劝架者在对一方进行劝解时应该避重就轻，不对双方道德上的孰优孰劣做出判断，而是强调二者在个性、能力上的差异，适当地“褒一方，贬一方”可使被褒的一方心里得到满足并放弃争执，而又不伤害被贬的一方，使劝解成功。

小陈和小杨是某学校新来的年轻教师，小陈心细，考虑事情周到，小杨性情有些鲁莽，但业务能力较强。一次，两个年轻人发生了争执，小陈说不过小杨，感觉很委屈，跑到校长处诉苦。校长拍拍小陈肩膀说：“小陈啊，你脾气好，办事周到，这个大家都清楚，也都很欣赏，可是小杨天生是个躁性子，牛脾气一上来什么都忘了，等脾气过去了就天下太平。你是一个细心人，懂得从团结同事、搞好工作的角度看待问题，你怎么能跟他那暴性子一般见识呢？”一番话说得小陈脸红了起来。

这是一个强调双方差异来解决纠纷的典型例子。校长没有直接批评小杨，而是反复强调小陈脾气好、小杨性格暴躁，这实际上是通过比较两人截然不同的性格来肯定小陈待人办事的方法是正确的，小陈领悟到校长的意思，自然也不会再跟小杨计较。

此外，在褒一方、贬一方时，作为调解纠纷的第三人应记住以下几点，以免褒贬不当而引起当事人的反感，让事情变得更糟。

1. 忌激化矛盾

很多调节纠纷的第三者在“褒一方，贬一方”时，由于方法不当而加剧矛盾，这主要是因为：

第一是强化了当事人本来就不该有的消极情绪，从而火上浇油，扩大了事态。

第二是“惹火烧身”。因方法不当，激怒了当事人，使当事人把全部的不满和怨恨情绪都转移到了第三者身上，第三者成了他的对立面和“出气筒”。

2. 忌急于求成

人们常说，善弈棋者，每每举一而反三。做别人的思想工作好比下棋，也要珍视这“三步棋”的做法，要耐心细致，再三斟酌。如果条件不具备就急于求成，不瞻前顾后，总想一劳永逸，其结果往往是事倍功半，成效甚微，甚至把矛盾激化。

3. 忌官腔官调

要克服官腔官调，最主要的是应该增强普通人的意识，以普通人的姿态出现在人们面前，彻底改变那种高高在上、唯我独尊、主观武断的官僚作风和指手画脚、发号施令的作风。

还必须注意坚持实事求是的态度，慎用套话，加强语言表达能力的培养。

4. 忌空洞说教

要避免空洞说教，尤其要从道理上使人信服；思想观点要明确；语言要朴实新颖。三个方面都要下工夫。

5. 忌反常批评

必须努力克服以下几种不正确的批评方式：

批而不评式；阿谀奉承式；隔靴搔痒式；褒贬对半式。

以上几种不正确的批评方式，均属于调解纠纷的“败笔”。要想使调解达到转变对方态度、修正对方错误的目的，就应该正确运用批评的武器，切忌简单化和庸俗化。

6. 忌不分场合

如果不分场合，信口开河，不管人前人后，指名道姓地对人说服，效果往往不佳；搞不好还会出现与当事人的良好动机截然相反的结果。

维护当事人的自尊心

一般来说，人们对于自尊往往存有不容侵犯的保护意识，如果你能顾及他人的自尊，处处为其着想，那么解决起问题来就容易得多了。

同样，在调解纠纷时，不对矛盾的双方进行批评指责，相反，分别赞美争执的双方，肯定他们各自的价值，使他们感到再争执下去只会损害自己的形象，因而自觉放弃争吵。

星期天，小陈一家包饺子，小陈妈擀饺子皮，小陈夫妻俩包。不一会儿，小陈的儿子从外面跑进来："我也要包。"

小陈妈说："大刚乖，去洗了手再来。"

大刚没挪窝，在一旁蹭来蹭去。小陈妻子叫："蹭什么！还不去洗手，看弄得一身面粉，我看你今天要挨揍。"

"哇……"5岁的大刚竟哭起来。

“孩子还小，懂什么？这么凶，别吓着他！”小陈妈心疼孙子了。

“都5岁了还不懂事，管孩子自有我的道理。护着他是害他！”

“谁护着他了，5岁的孩子能懂个啥，不能好好说吗？动不动就吓他！”

小陈一看，自己再不发话，“火”有越烧越旺之势，便说：“再说，今天这饺子可就要咸了哟！平日里，街邻、朋友都说我有福气，羡慕我有一个热情好客、通情达理的母亲，夸我有一位事业心强、心直口快的妻子，看你们这样，别人会笑话的，都是为孩子好。大刚，还不快去让奶奶帮你洗洗手，叫奶奶不要生气了。”又转向妻子：“你看你，标准的‘美女形象’，嘴撅得都能挂10只桶了。生气可不利于美容呀！”妻子被他逗乐了。那边，母亲正在给孩子擦着身上的面粉，显然气也消了。

每个人都有自尊，要维护他人的自尊，绝非一两次的表态可以奏效，它是由许多次日常接触所形成的一种过程。

弗雷德·薛佛在纽约人寿保险公司工作，在保险业中，日常关系是最重要的。因为在保险业里，业务人员就等于是公司。业务员如果业绩不佳，不久就连公司都将无立足之地。

多年前薛佛曾任职于国际保险公司麦卡比公司。当公司迁入一座新大楼后，跟以前不同的是这大楼中还有几家其他的公司。薛佛希望在搬迁之后，原来所维持的重要的个人关系并不因迁移而招致疏忽。所以，他到新大楼上班的第一天，第一件事就是走到安全人员台前。

薛佛回忆当时的情景："当时有十来位安全人员，我请他们都围拢来，结果发现他们除了知道我们公司的名称之外，其他一概不知，连我们从事保险业都并不清楚。于是我对他们说，'各位！我们在底特律市有几位很重要的业务代表，如果你们发现来的人是业务代表，我们一定得给予最隆重的欢迎，我是说尽量让他觉得备受重视，如此便得劳驾你们亲自送他上 7 楼找到他所要会见的人，也请你们一定要配合帮忙。'后来我听到一些业务代表谈起他们来到这栋大楼所受到的礼遇，让他们感到很高兴。"

所有的这些小动作加起来就是一个很重要的整体结果，那就是：人们会对自己觉得很满意。员工只要相信公司关心他们，并了解他们的需要、维护他们的自尊，就会以努力工作、达成公司目标作为回应。

每一个人都是有自尊心的，如果你对他所说的话能够表示同意，这就是尊重他的意见，自然他对你是十分高兴的，他也愿意和你做朋友。反过来，你不能对他表示同意，显然你是站在和他敌对的地位，你是他的敌人而不是友人，他能不和你为难吗？所以在说话的时候，这一点我们是应该要加以注意的。

总之，顾及他人的心态及立场，尊重他人的自尊，是调解纠纷的必备武器，更是相当重要的为人之道，也是让他人信任的不可或缺的要素之一。因此，你要促使别人与你合作，你要说服他人，就必须遵循说服的这一要诀：维护他人的自尊。

淡化争端，缓和气氛

淡化争端的严重程度，使一方或双方看淡争端，从而缓和情绪，平息风波。

某厂一对新婚不久的夫妻因家庭小事闹矛盾，女方一气之下跑到娘家哭诉告状，说男方欺负她，哥哥听罢心想：我妹妹结婚不久就遭妹夫欺负，日后还有好日子过？于是气愤地扬言要去教训妹夫。这时，父亲充当起“和事佬”来首先对儿子说：

“教训他？别冲动！教训他就能解决问题吗？再说，他家又不在厂里，一个人孤立无援的，你去教训他，旁人岂不要说闲话？好了，你妹妹自己家里的小事，用不着你操心，还有我和你妈呢。你多管些自己的事吧。”

待儿子息怒离开后，父亲又劝慰女儿说：

“别哭了，又不是什么大不了的事。都结婚出嫁了，还要小孩子脾气，多羞人。小夫妻哪有不吵架的？我当初和你妈就常吵闹呢。不过，夫妻吵架不记仇，夫妻吵架不过夜。你不要想太多，日后凡事要大度些，不要像在娘家那样娇气任性。好，快点回你们小家去，不要让他到这里来找你回去，他是个不错的小伙子。家丑不可外扬，以后丁点儿小矛盾不要动不动就往娘家跑噢！”

女儿点头止哭，像没事一样，回她的小家去了。

夫妻吵架本是稀松平常的事，而当事人本身却认为事情很严重。因此，父亲在劝慰女儿的过程中，始终强调夫妻闹别扭只是丁点儿小事情，促使女儿把争端看得淡一点。女儿在冷静思考之后，认同了父亲的看法，思想疏通了，气也自然消了。

作为调解纠纷的第三人，如果想淡化矛盾双方争端的严重性，就必须学会以下技巧：

1. 将严肃问题诙谐化

在双方僵持不下时，采用巧妙的方法将严肃的争执点转化为幽默诙谐的形式，以此来缓和气氛，制造转机。如果纠纷双方是为了一个严肃的问题而互相争执，那么这个问题的严重性带来的压力往往会加深他们之间的相互敌视，促使他们更加坚持己见、互不示弱，为了打破这种僵持不下的局面，调解方应该采取巧妙的方法将严肃的争执点转化为诙谐幽默的形式，使双方的心理压力得到缓解、气氛变得轻松，为问题的解决制造转机。

2. 调虎离山，暂熄战火

有的争论，发展下去就成了争吵，甚至大动干戈，如果双方火气正旺，大有剑拔弩张、一触即发之势，“和事佬”即可当机立断，借口有什么急事（如有人找，或有急电），把其中一人调走支开，让他暂时脱离争论，等他们消了火气，头脑冷静下来了，争端也就趋于平息了。

假如你想让两个过去互相抱有成见的人消除前嫌；假如你的亲人突然遇到过去关系很坏的人而你又在场；假如你作为随从人员参加的某个谈判暂处僵局……作为第三者，你应首先联络双方的感情，努力寻找双方心理上的共同点或共同感兴趣的问题。一幅名画、一张照片、一盘棋、一个故事、一则笑话、一句谚语、一段相同或相似的经历，乃至一杯酒、一支烟都可能引起对方的兴趣，都可成为淡化争端的严重性、融洽气氛、打破僵局的契机。

道歉态度要诚恳

对待言语失误，道歉时态度诚恳是很重要的。内心有了真诚，即使说话不得当，也能得到别人的谅解。

与人交往，不可避免地会说错话、做错事，得罪人也就在所难免了。严重时，甚至会给别人造成沉重的精神痛苦和巨大的经济损失。对此，我们需要及时认识到自己的错误，诚恳道歉，并主动承担责任，一般情况下，总能得到别人的原谅。

道歉并非耻辱，而是真挚和诚恳的表现。伟人有时也道歉。

丘吉尔起初对杜鲁门的印象很坏，但后来告诉杜鲁门说以前低估了他——这句话是以赞誉方式做出的道歉。有的人虽然道歉了，但总想为自己的过失寻找借口，以保住自己的面子。这样做，只能让人觉得你没有诚意。没有诚意的道歉是不会获得他人的谅解的。

道歉，有时只不过是“对不起”简简单单3个字，然而有时它却是一种心灵美的外在表现。

一位中国访问学者在美国曾遇到这么一件事。

有一天，她埋头赶路，一边走一边考虑问题，因为有点儿走神，没注意马路上走来一位男士，一时收不住脚步，一脚踩在男士的鞋上。当然，她脱口而出说了声：“对不起！”但令她十分奇怪的是在她道歉的同时，那位男士也说了一声：“对不起！”这位女士好奇地问：“我踩了你，你为什么要向我道歉呢？”

那位男士十分真诚地说：“夫人，我想，是因为我挡了您的路您才踩到我脚上的，所以是我妨碍了您，我应该向您道歉！”

从这番话里我们就可以看出，勇于道歉的人常常是善于体谅别人，善于设身处地为他人着想的人。

诚心诚意的道歉，应该语气温和、坦诚直率、堂堂正正，不必躲躲闪闪、羞羞答答，更不要夸大其词、奴颜婢膝，一味往自己脸上抹黑。那样，别人不仅不会接受你的道歉，甚至还会觉得你很虚伪。

第七章

委婉说『不』，拒绝他人却不伤感情

师出有名，给你做的每件事一个说法

很多时候，我们需要为自己所做的事找一个理由，这样，我们所做的事才更容易得到别人的认同。

做任何事情都要有正当的理由，至少是表面上的。古往今来，凡是成大事的人，都懂得为自己做的事找一个能够为人所接受的借口。

人与人交往，我们有时难免要借助善意的借口、美丽的谎言，因为它是关心对方、理解对方的一种表示，对人际关系的和谐大有裨益。如果我们懂得运用这种真诚和善意来处理相互间的关系，我们与他人的交往便更具艺术性。

戴尔·卡耐基在《人性的弱点》一书中，有这样一个例子：

一个妇女应老师的要求，回到家中请她的丈夫给自己列出六项缺点。本来，她丈夫可以给她列举出许多缺点，但是，他却没有这样做。而是借口说自己一时还很难想清楚，等次日想好后再告诉她。第二天，他一起床，便给花店打了一个电话，要求给他家送来六朵玫瑰花，并附了一张字条："我想不出有哪六项缺点，我就喜欢你现在的样子。"结果，他妻子不仅非常感激他那善意的宽容，而且自觉、自愿地改正了以前的缺点。

日常交往中，我们每个人都在有意、无意地用着这样或那样的借口。比如，朋友来家做客，不小心打碎了茶杯，这时，你马上会说："不要紧，你才打了一只，我爱人曾经打碎了三只。相比起来，你的战绩平平。"这种幽默的借口，既打破了尴尬的局面，也避免了对方陷入难堪的境地。

可见，在日常生活中，要处理好人与人之间的关系，做到善解人意、与人为善，有时就需要寻找合适的借口，因为这种善意的借口既能满足对方的自尊心，维护对方的颜面，又可以让自己摆脱不必要的尴尬和难堪。

知己知彼，托辞才更好说

要想说好让对方心服口服的托辞，要先了解对方，根据对方的脾性说出合理的能让对方接受的托辞。

什么样的托辞才能够让对方欣然接受呢？如果你对对方不够了解的话，显然你很难说好托辞。

应先了解对方的一些经历及生活状况。思维方式不同，人的观念也不同，因此，要了解他的人生观、价值观。

必须注意对方的心境。如果在交谈当中，不顾对方的心理变化，而一味地将想法统统搬出来，那么，你是得不到他的认同的。一厢情愿的谈话往往会让对方厌恶。

不该说话的时候说了，则犯了急躁的毛病；该说话的时候却没有说，从而失掉了说话的时机；不看对方的态度便贸然开口，叫作闭着眼睛说瞎话。在交谈过程中应兼顾对方的心理活动，使谈话内容和听者的心境变化同步，这样才能引起共鸣。

性格外向的人易喜形于色，和他可以侃侃而谈；性格内向的人多半沉默寡言，与其交往时则应注意委言婉语、循循善诱。

你的托辞不能损害对方的利益

从对方的利益出发，掌握好说“不”的分寸和技巧，给对方一个能够接受的，并且不会伤害对方的托辞十分重要。

随着社会的发展，人与人之间的交往越来越密切，也越来越复杂。比如，我们经常会发现办公室中谈笑风生的两个人，其实早已积怨很深。或者昨天还势如水火的两个同事，今天却亲密得俨如老友。从中我们可以看出，办公室中的人际关系确实让人难以捉摸。其实，我们每个人都希望能够得到他人的关注与理解。因此在职场上，我们要学会理解他人，要把握处理事情的分寸，尤其是我们因为各种原因而不能配合对方时，一定要从对方的利益出发，说好托辞。

例如，在办公室里，你在拒绝别人请求时，如只是说“我很忙”，对方则会说你不爱帮助别人。所以，拒绝别人时，要具体地说明一下理由。

再如，你正忙着整理第二天重要会议的资料时，你的上司走过来对你说：“先处理这份文件。”

这时，你可以明确地告诉他自己正在为第二天重要会议准备资料，然后让上司判断哪个工作更加急迫。

“是这样啊！你正在做的工作不尽快完成可不行，我的这份之后再弄。”

每个人总会有需要别人施以援手的时候，所以，多一个敌人绝对不是什么好事情。虽然我们避免不了拒绝的发生，却可以采取适当的拒绝方式，最大程度地避免因为拒绝而树敌。

经常有人会说出这样的话：“这件事情恕难照办”、“我们每天都一样地工作，凭什么要我帮你的忙”……如果你听到些话，会是什么反应呢？你会很高兴很客气地说“既然如此，那我就不打扰你了，对不起”吗？恐怕不会吧。你一定会恼羞成怒地回击对方：“你这个人讲话怎么如此无情！难道你一辈子就没求过人吗？”然后拂袖而去。

一般情况下，我们在拒绝别人的时候要注意以下几点。

1. 积极地倾听

当你拒绝别人的请求时，不要随口就说出自己的想法。过分急躁的拒绝最容易引起对方的反感，应该耐心地听完对方的话，并用心弄懂对方的理由和要求，让对方了解到自己的拒绝不是草率做出的，是在认真考虑之后不得已而为之的。

2. 用和蔼的态度拒绝对方

不要以一种高高在上的态度拒绝对方的要求，不要对他人的请求流露出不快的神色，更不要蔑视或忽略对方，这都是没有修养的具体表现，会让对方觉得你的拒绝是对他抱有成见，从而对你的拒绝产生逆反心理。拒绝对方要保持和蔼的态度，要真诚。

3. 明白地告诉对方你要考虑的时间

我们经常碍于面子不愿意当面拒绝他人的请求，而是以“需要考虑”为借口来避免直接拒绝对方，其实希望通过拖延时间使对方知难而退。这是错误的。如果不愿意立刻当面拒绝，应该明确告知对方考虑的时间，表示自己的诚意。

4. 用抱歉的话语来缓和对方的情绪

对于他人的请求，表示出无能为力，或迫于情势而不得不拒绝时，一定记得加上“实在对不起”、“请您原谅”等抱歉用语，这样，便能不同程度地减轻对方因遭拒绝而受的打击，舒缓对方的挫折感和对立情绪。

5. 说明拒绝的理由

在拒绝他人的请求时，不要只用一个“不”字就想使对方“打道回府”，而应给“不”加上合情合理的注解，以使对方明白，自己的拒绝并非是毫无理由，而是确有苦衷。

真诚地说出你拒绝的理由是非常必要的，它有助于你们维持原有的友好关系。

6. 提出取代的办法

当你拒绝别人时，肯定会影响他计划的正常进程，甚至使他的计划搁浅。如果你给他提供一些建设性的意见，则能减轻对方的挫折感和对你的怨恨心理。

7. 对事不对人

你要想方设法地让对方知道你拒绝的是他的请求，而不是他这个人。

总而言之，成功地拒绝别人的请求不仅可以节省自己的时间和精力，还可以免除由不情愿行为所带来的心理压力。但前提是，拒绝时必须不损害对方的利益。

拒绝要真诚，不能让人感觉你敷衍了事

当你不得不拒绝别人时，要想好一些真诚的托辞，让别人从心眼里觉得的确是你能力有限从而不得不拒绝。

拒绝总是会让人感到不愉快。委婉拒绝无非是为了减轻双方，特别是对方的心理负担。特别是上司拒绝下属的要求时，不能盛气凌人，要以同情的态度、关切的口吻讲述理由，使之心

服。在结束交谈时，一定要表示歉意。一次成功的拒绝，也可能为将来的重新握手、更深层次的交际播下希望的种子。

从事销售的小刘遇上一位工作狂的上司，很多同事都因此而“逃离”了，而她却能始终保持极佳的工作状态，她是怎么做的呢?

小刘说:“一开始我也像他们一样以办公室为家，日日夜夜伏案工作，在我的字典里‘休息’这个词似乎早就不存在了。后来我发现，工作狂的老板通常有一个思维定势：他们一般疏于考虑自己分配下去的任务量有多少，下属需要花费多长时间可以搞定，他们想当然地认为你应该没问题。所以，以后如果我觉得工作量过大，超出了个人能力所能达到的范畴时，我不会一味投身于工作中蛮干，要知道，不说出来的话，工作狂的老板是不会体会到你的负荷已经到了警戒线的。这也不能怪他，每个人的承受能力不同，老板又如何能体会到下属执行当中的难度与苦衷？这个时候，下属应该主动与老板沟通交流。口头上陈述困难或许有故意推托之嫌，书面呈送工作时间安排与流程，靠数据来说明工作过多，让他相信，过多的工作令效率降低。合理正确的沟通会令老板了解你的需求，从而适当调整任务量及完成时间，或选派更多的同仁来帮你分担。”

试想一下，如果小刘怕得罪上司而勉强接受所有任务，到时完不成任务更会受到上司的指责，如果因为自己不事先说明难度，最后又耽误公司整体事务，罪过就更大了。这种坦诚拒绝的方法不仅适用于上司，也适用于周围的同事。当然，坦诚拒绝也要讲究方式。

当别人向你提出请求时，一定会担心你会不会马上拒绝自己，或者给自己脸色看。所以，在你决定拒绝之前，首先要注意倾听对方诉说。比较好的办法是，请对方把处境与需要讲得更清楚一些，这样，自己才知道如何帮他。

倾听能够让对方感受到你的尊重和真诚，委婉地向对方表达自己的拒绝，可以避免使对方的感情受到严重的伤害。

倾听的另一个好处是，你虽然拒绝他，却可以针对他的情况，建议如何取得适当的支援。若是能提出有效的建议或替代方案，对方一样会感激你，甚至在你的指引下找到更适当的解决方案。

直接的拒绝只会伤害彼此的感情，而委婉地说“不”却更容易让人接受。当你仔细倾听了别人的要求，并认为自己应该拒绝的时候，说“不”的态度必须是温和而坚定的。

例如，当对方提出的要求不符合公司或部门的规定，你就要委婉地让对方知道自己帮不了这个忙，因为它违反了公司的相关规定。在自己工作已经排满而爱莫能助的前提下，要让他清楚地明白这一点。一般来说，同事听你这么说一定会知难而退，再想其他办法。

拒绝除了需要技巧，更需要耐性与关怀。若只是敷衍了事，这样只会伤害对方。

1. 对领导说“不”时一定要把握好时机

“不管什么事情只要交给安娜，我就放心了。”安娜进公司3年，这是领导常挂在嘴边的话。开始安娜很高兴，但时间一天天过去，交给她的任务越来越多。“安娜，这个方案你盯一下；安娜，这个客户恐怕只有你能对付”；“安娜，上海的那个项目人手不够，你顶一下”。老总为某事抓狂时，必会打开房门大叫安娜。

安娜手里的事情多到了加班加点也做不完，可周围有些同事却闲得很，薪水也并不比她少多少。安娜想，也许自己再忍一忍就会有升职的机会。然而，机会一次次地走到了她面前却又一次次地拐了弯。后来，安娜从人事部的一位前辈口里得知，关于她升职的事中层主管讨论过很多次了，每次都被老总否绝了，说安娜虽然业务能力不错，但管理能力不足，需要再锻炼锻炼。

安娜很气恼，回家跟丈夫抱怨。丈夫居然也说：“如果我是你们老总，我也不会升你的职。一个不懂拒绝的人，怎么去管理别人？”安娜仔细想了想，觉得这话真的很有道理。

往后，当老总给她加工作量时，安娜鼓足勇气说：“我手里有3个大项目，10个小项目，我担心时间安排不过来。”老总一听，脸立刻变了色：“可是，这个项目只有你去做我才放心。”

“那好吧，我赶一赶。”说完这句话，安娜恨不得咬掉自己的舌头。看到老总的脸，一个大胆的念头突然冒了出来：“不过，要按时保质完成，我需要几个帮手。”安娜轻描淡写地说。老总惊讶地看着她，继而笑着说：“我考虑一下。”

原来安娜想，如果老总答应给自己派助手，就相当于变相给自己晋升，自己的工作也有人可以分担了；如果不答应，老总也不好把新任务硬塞给自己了。

果然，老总再也没提过加派新任务的事，还破天荒地经常跑来关心安娜的工作进展，并叮嘱她有困难就提出来，别累坏了身体，等等。

当领导把砖头一块块地往你身上叠加时，他也并不是不知道砖头的重量，但是他知道把工作加给一个不懂拒绝的人是件再省心不过的事。你不要因此就梦想你理所当然比别人薪水更高或升迁更快。

有的时候，你并不需要大张旗鼓地拒绝领导，只需要摆出自己的难处，领导也不会觉得你的拒绝很过分。要拒绝领导，就必须告诉他你在时间或精力上的困难，让他明白你不是超人。

2. 不想加班，就必须找个恰当的理由

“世界上最痛苦的是什么？加班！比加班更痛苦的是什么？天天加班！比天天加班更痛苦的是什么？天天无偿加班！”这些关于加班的种种看似戏言和怨言的说法，在调侃之余，也真实地反映了职场中人的生活和工作现状，因为加班已经成为他们生活中的必要组成部分。

身在职场，加班是很多人最痛恨的一件事。面对领导要求的加班，做下属的就只能听之任之吗？是不是也可以找到合适的理由，既不得罪领导，又能够少受一点加班之苦呢？

小李和女友相识3周年的纪念日就在这个周五，可是当离下班还有10分钟时，小李看到了部门领导在MSN上在呼叫："今天晚上留下来吃饭，约好了一位客户谈目前这个项目的事情。"顿时，小李不知所措。

小李肯定是不想错过今天这个重要日子里的约会的，但是，他又不能得罪领导。他琢磨了一会儿，心想凭着自己几年来和领导的关系，再加上自己幽默风趣的性格，相信领导能够放他一马。于是小李通过MSN和领导说："本人是公司著名的妻管严，地球人都知道，要不是为了她，俺哪敢和领导讲条件，再说俺要敢放俺那口子鸽子，俺可能会有生命危险。"等了一会儿，MSN上传来了领导的回复："你不用加班了，这事我来做，你去陪你的女朋友吧，代我向她问好！"

看到这句话，小李以最快的速度关掉电脑，拎起包飞奔出了办公室。

"适者生存，不适者淘汰"已成为企业中很多人士坚定不移的座右铭，也是上班族命运的真实写照。虽然如此，但每个人的生活中除了工作中的8个小时，还有亲情、友情、爱情需要时间去维护，若因为工作而将其他的统统放弃，实在是得不偿失。而要实现这一目标，就需要多学一些拒绝的技巧。小李的做法也许并不适合每一个人，但也不失为一种借鉴。其实，每个人在拒绝加班时都可以找到恰当的理由，让8小时以外的时间真正属于自己。

3. 巧借打电话，逃离酒桌应酬

当单位里有应酬时，领导总想把自己喜欢和信任的下属带去“陪酒”。得到领导的赏识是一件好事，但有时候确实不愿意去，这时你该怎么办？如果贸然担绝领导的好意，就很容易把领导得罪了。如何逃离酒桌应酬，又能让领导理解呢？

小王是一家杂志社的采访部主任，本来谈广告业务的事和她没有什么关系，但多年的打拼让她成了交际“达人”，再加上大方、稳重的气质和漂亮的外貌，主编每当面对大客户时都会想到她，让她作陪。

但小王对这类应酬是很不情愿的，因为下班后她希望能多陪陪孩子和丈夫，享受家庭的幸福生活。几次应酬之后，小王觉得不能再这样下去了，必须想个方法逃离酒桌。当主编又一次要带小王去见客户的时候，小王并没有当面拒绝主编，而是爽快地答应了下来。

晚上，小王如约前往。酒桌上，小王看出这次的客户确实来头不小，而且对他们的杂志比较认可。陪客人的除了她和主编外，还有杂志社的投资人以及广告部的主任。小王不知道自己的到来是否能起到一定的作用，但她还是不辱使命，施展着自己的交际才华。时间过去了大约半个小时，小王的电话响了起来，于是小王离桌去接电话。一会儿，小王回来，焦急地和主编说，自己的好朋友谢菲打来电话，说她得了急性阑尾炎，而其家人又不在身边，需要她去照顾一下。主编和在座的各位一看到这种情况，就马上答应了，让小王赶紧去。

就这样，小王一边说着抱歉的话一边急匆匆地离开了。

出门后，她给好友发短信：“终于逃离了，谢谢你哦。是你的‘阑尾炎’救了我！”

相信很多人都有同感。那些特别注重家庭生活的都市白领，都希望自己能够和家人共进晚餐，享受其乐融融的家庭氛围，而不是去酒桌旁陪客户、陪领导。在工作与家庭之间，在薪水与面子面前，他们往往不能按照自己的意愿行事，哪怕勉为其难也得将就着。不过，有些时候还是可以利用一些巧妙的方法，将那些自己不喜欢的应酬统统甩掉。就如小王这样，运用打电话救急，也不失为一个好办法。

4. 巧妙应对，避开另类“骚扰”

身在职场，很多女性都容易遭遇一个比较普遍的问题——性骚扰。在工作场合，性骚扰有时候会来自于领导。该怎样去应对性骚扰而又不得罪领导呢？

最近一次公司聚会后，伊茜发现老板罗伯特有点问题。饭后伊茜要回家，可罗伯特说要去唱歌，并且一个都不许走，其他同事都赞成，伊茜也不好反对。伊茜因为喝了点酒有点头晕就靠坐在沙发上，偶尔为他们选一些歌。罗伯特坐在离伊茜不远处，突然在和伊茜说话时用手轻轻地划了一下她的脸，伊茜想罗伯特可能喝醉了，于是离他更远了一些。终于一曲完了，伊茜准备回家，没想到他跟着伊茜离开。电梯里只有他俩，罗伯特抱住伊茜说：“亲一下！”伊茜说不行。这时电梯停了，进来几个人，他只好放开了伊茜。

后来伊茜想他大概是喝醉了，自己以后不再参加这种聚会就是了。可没过几天，罗伯特的秘书很神秘地对伊茜说，后天还有个聚会，大家都得参加。伊茜心里暗暗叫苦，麻烦来了！伊茜后来找了一个理由，才躲了过去。然而，这几天罗伯特总是有意无意地来到伊茜的办公室，伊茜只好跟他谈工作的事。但他却总是有意无意地把话题往别的方面引，伊茜思前想后终于想出了一个主意。由于伊茜和罗伯特的妻子是老同学，于是伊茜周末约罗伯特的妻子一起打牌、游泳，他知道这些事后，便不再“骚扰”伊茜了。

遇上想占便宜的领导是职场女性最烦恼的事，因为处理不好的话便会丢掉工作和声誉。案例中的伊茜在对付领导的性骚扰方法得当，巧妙地保护了自己，值得职场女性学习。

助你驰骋商场的实用托辞

当做业务的你没法满足顾客所提出的要求时，不要直截了当说“不”，因为这样会伤害顾客，进而失去很多潜在的顾客。为了让顾客心理平衡，要找好托辞，于无形中驳回顾客的要求，这样即使交易失败，也会赢得顾客的好感，进而为自己留住潜在顾客。

顾客就是上帝，在销售场合中，当我们需要否定顾客的意见时，应尽量避免使用“不”、“不行”、“办不到”等词语。可是如果必须要说出这些字眼时，就要找到适当的托辞，并且予以顾客另外的补偿，以使他心理平衡，从而让他对你产生好感。

1. 提出建议，介绍新去处

假如你的商品已售完，可以向他介绍其他有这种商品的地方。这种处处为顾客着想的做法可以提升你的形象，从而赢得顾客的再次光临。

“真抱歉，这种商品正好卖完了。您来看看这种，或许正是您所需要的。”

“真是很不好意思，我找遍了都没有找到您所需要的号码，这样吧，您明天再过来，我提前给您准备好。”

“您来得真是不凑巧，我们这儿正好没有这种商品了，您可以去某店，那里很可能会有。”

作出否定回答的同时，给顾客提出建设性的建议，也就相当于他在你那里得到了需要的满足，可以留给他一个好印象。

2. 补偿安慰拒绝法

当在价格上无法接受顾客提出的要求时，若断然予以否定定会破坏推销的气氛，打击顾客的购买欲，甚至可能会惹恼顾客，从而导致交易的失败。为避免这种情况的发生，推销员在拒绝顾客的时候，应在其可以承受的范围内，予以适当的补偿，并以此来满足顾客想买到便宜货的心理。

“价格不能再降了，这样吧，在价格上您做一些让步，我给您再配上一对电池，怎么样？”

“抱歉，这已经是全市的最低价了，要不这样，我们免费给您送货，如何？”

在商品本身以外给予一定的利益，以此来拒绝顾客减价的要求，使交易不至于因为遭到否定而中断。

3. 寓否定于肯定

顾客的要求假使你满足不了，你的拒绝中并没有包含任何一个否定的词语，而顾客却能听出你的弦外之音。这种方法让你的否定含义隐含在肯定句中，顾客一听就可以明白，既可以避免顾客的难堪，也不会使人觉得你的拒绝很唐突。

（笑着说）“周经理，光天化日之下您这是要抢劫啊！”

“您开出的价格有点那个，您看是不是……”

在肯定句中包含有否定的意思，指出顾客的要求有欠妥当之处，像这样软弱的否定一般不会轻易伤害顾客的自尊心，并比较容易被顾客所接受，从而也能使交易顺利地进行下去。

对于那些不论产品质量如何，看到价格就先“砍一半价”的消费者，推销员应该不卑不亢，学会拒绝。

消费者：“这东西是很好，不过价格太贵了，便宜点吧。”

推销员：“不好意思，这是公司定的价格，我们是不能随意改动的，公司有规定既不允许我们故意抬高价格来欺骗顾客，也不准我们随便打折。说实在的，我们公司的产品从来不在品质上有所折扣，因此在价格上也从不打折。”

这样既可以表明产品在质量上的可靠性，说明它物有所值，同时也向顾客说明了产品的价格是很合理的，也是比较便宜的，所以不可能再降了。

对于那些比较善“缠”的顾客则可以使用“重复”的说服方法，坚守“不”的立场，把握住“好货不便宜”的消费心理，你越是不降低价钱，就越能证明你的商品好，不愁没人要。当然用这种方法要慎重，态度不能过于强硬否则会把消费者吓跑。

消费者:“做生意灵活些嘛，你作些让步，我给你再加点钱，咱们就成交了嘛。”

多数时候这是消费者希望推销员能够降价的最后尝试了，这时推销员一定要更加耐心，诚恳地对待你的准客户。

推销员:“实在很抱歉，我们的售价就是这样了，质量上乘的产品价格都是不便宜的。如果价格低，但是产品不好，不是欺骗消费者吗？”

这种重复说“不”的方式，能够加深顾客认为你推销的商品质量好的印象，相信这样一来他一定不会再在价格上为难你了，只要是好东西，即使多花一点钱，那么消费者从心理上也是可以接受的，并且会有踏实的感觉。学会说“不”并善于利用“不”，你就一定不会再让价格成为你推销的障碍了。

幽默拒绝很管用

用幽默的方法拒绝别人，既可以缓解紧张的氛围，又不会影响彼此的友谊。

玛丽抱怨她的丈夫说：“你看邻居W先生，每次出门都要吻他的妻子，你就不能做到这一点吗？”丈夫说：“当然可以，不过我目前跟W太太还不太熟。”

玛丽的本意是要她的丈夫在每次出门前吻自己，而丈夫却有意地曲解为让他吻W太太，委婉地表达了自己不愿意那样做的本意。

直接拒绝别人很容易伤害对方，甚至造成许多误解，破坏彼此间的友谊。但是，利用幽默，巧妙拒绝，却能使很多问题迎刃而解。

有位员工代表向老板谈加薪的问题，并使出了眼泪战术，苦苦哀求道：“老板，请你一定要帮帮忙，现在这点薪水我实在无法和我太太继续在一起生活下去呀！”上司回答说：“好吧！那么我会出面来说服你太太，要她跟你离婚的。”

在工作当中，如果不懂得拒绝的技巧，往往会吃亏上当。下面的例子很有借鉴意义。

大个子瑞克是一位被公司冷落的老主任。有一天，某部门经理拍着他的肩膀说："瑞克，你看是不是早日把你的职位让给年轻人！"

"好啊！就这么办！"

"你愿意？"

"是啊！不过俗话说，'鸟去不浊池'，所以我有一个请求，希望能让我把正在进行的工作彻底做好再走。"

"哦！这是理所当然的。不过，你那个工作预计什么时候可以完成呢！"

"我想，大概还要 10 年。"

在拒绝别人时，采用幽默的方式不但不会伤害到对方，而且还可以避免不必要的尴尬。

拒绝的话要合情合理

如何拒绝别人是一门艺术，这门艺术的关键点就在于拒绝别人的话要怎么说才能让人觉得合情合理，进而让别人更容易接受。

人的一生就是在不断的接受和拒绝中度过的。如果拒绝未采用合适的方法和相应的技巧就容易伤害对方，引发怨恨和不满，从而导致人际关系的破裂，让自己陷入非常被动的境地之中。即使不至于闹到很严重的地步，因拒绝而引起的疙瘩也会使对方耿耿于怀。

“我实在没有钱借给你，否则，我就不必如此地拼命了”、“我们非亲非故的，凭什么要帮你”……在遭受这样的拒绝后，你会有怎样的反应呢？你一定会感到恼羞成怒，用犀利的言语回击对方。

有时，对方与我们反目成仇，并非完全是由于我们拒绝了他，更多的是我们拒绝的语言和方式伤害了他。那么我们要如何拒绝呢？

小李 24 岁，才貌双全，大学毕业后分配到一家公司工作。不料，她的顶头上司——部门经理对她一见倾心，便发起了猛烈的攻势。小李怕直接回绝会伤了上司的自尊，给自己以后的工作带来不便。考虑再三，最后小李决定实话实说，于是彬彬有礼地告诉经理：

“我已另有所爱，只是男友暂时在外地工作。”如此一来，经理在“恨不相逢未嫁时”的深深遗憾中打消了自己的念头，以平常心对待小李。

再看看下面这个例子。

小林陪女友逛商店，女友在某时装店看中了一件风衣，价格不菲，而小林觉得这件衣服很普通，不值这个价。但是在女友面前不便说，否则女友会认为自己是个小气鬼，两人免不了要闹一阵子情绪。只见小林鼓动女友试衣，左看右看后对女友说："很合身，但我觉得你穿上它气质不如从前了。主要是款式太新潮，不适合你的职业特点，倒更像是较前卫的女孩穿的。"女友一听此话，忙不迭地脱下风衣，拉着小林离开了商店。

小林巧用衣服与气质的关系，让女友主动放弃了自己中意的风衣，达到了自己的目的。

先承后转避直接

有时对方提出的要求有一定的合理性，但因条件的限制又无法予以满足。在这种情况下，拒绝的言辞可采用"先肯定后否定"的形式，使其精神上得到一些满足，以减少因拒绝而产生的不快和失望。例如，一家公司的经理对一家工厂的厂长说："我们两家搞联营，你看怎么样？"厂长回答："这个设想很不错，只是目前条件还不成熟。"这样既拒绝了对方，又给自己留了后路。

对对方的请求最好避免一开口就说"不行"，而是要表示理解、同情，然后再据实陈述无法接受的理由，获得对方的理解，自动放弃请求。

李刚和王静是大学同学，李刚这几年做生意虽说挣了些钱，但也有不少的外债。两人毕业后一直无来往，忽一日王静向李刚提出借钱的请求，李刚很犯难，借吧，怕担风险；不借吧，同学一回，又不好拒绝。思忖再三，最后李刚说：“你在困难时找到我，是信任我，瞧得起我，但不巧的是我刚刚买了房子，手头一时没有积蓄，你先等几天，等我过几天账结回来，一定借给你。”

先扬后抑这种方法也可以说成是一种“先承后转”的方法，这也是一种力求避免正面表述，而采用间接拒绝他人的一种方法。先用肯定的口气去赞赏别人的一些想法和要求，然后再来表达你拒绝的原因，这样就不会直接伤害对方的感情和积极性了，而且还能够使对方更容易接受你，同时也为自己留下一条退路。一般情况来说，你还可以采用下面一些话来表达你的意见，“这真的是一个好主意，只可惜由于……我们不能马上采用它，等情况好了再说吧”，“这个主意太好了，但是如果只从眼下的这些条件来看，我们必须要放弃它，我想我们以后肯定是能够用到它的”，“我知道你是一个体谅朋友的人，你如果对我不十分信任，认为我没有能力做好这件事，那么你是不会找我的，但是我实在忙不过来了，下次如果有什么事情我一定会尽我的全力来支持你”，等等。

有的时候对方可能会很急于成事而相求，但是你确实又没有时间，没有办法帮助他的时候，一定要考虑到对方的实际情况和他当时的心情，一定要避免使对方恼羞成怒，以免造成误会。

拒绝还可以从感情上先表示同情，然后再表明无能为力。

黄女士在民航售票处担任售票工作，由于经济的发展，乘坐飞机的旅客与日俱增，黄女士时常要拒绝很多旅客的订票要求，黄女士每每总是带着非常同情的心情对旅客说：“我知道你们非常需要坐飞机，从感情上说我也十分愿意为你们效劳，使你们如愿以偿，但票已订完了，实在无能为力。欢迎你们下次再来乘坐我们的飞机。”黄女士的一番话，叫旅客再也提不出意见来。

第八章

言语暖心，简单的话也能劝慰他人

朋友失意，安慰的话一定要得体

当我们的朋友遭遇不幸时，我们的反应往往不够得体。我们总是说出他们不愿意听的话，令他们难过，他们需要我们时，我们却不在他们身边；或者，就是和他们见了面，我们也故意回避那个敏感的话题。既然我们并非存心对他们无礼或冷漠，那么，为什么我们会在其实愿意帮忙的时候有那样的表现呢？

我们大多数人都有过这样的经验，就是无意中说错了一句话，巴不得能把它收回。我们怎样才能在某个人处于困难时对他说出适当的话呢？虽然没有严格的准则，但有些办法可使我们衡量情况和做出得体而真诚的反应，这里是一些建议：

留意对方的感受，不要以自己为中心

当你去探访一个遭遇不幸的人时，你要记得你到那里去是为了支持他和帮助他。你要留意对方的感受，而不要只顾自己的感受。

不要以朋友的不幸际遇为借口，而把你自己的类似经历拉扯出来。要是你只是说：“我是过来人，我明白你的心情。”那当然没有什么关系。但是你不能说：“我 ××× 死后，我有一个星期吃不下东西。”每个人的悲伤方式并不相同，所以你不能硬要一个不像你那样公开表露情绪的人感到内疚。

尽量静心倾听，接受他的感受

丧失了亲人的人需要哀悼，需要经过悲伤的各个阶段和说出他们的感受和回忆。这样的人谈得越多，越能产生疗效。要顺着你朋友的意愿行事，不要设法去逗他开心。只要静心倾听，接受他的感受，并表示了解他的心情。有些在悲痛中的人不愿意多说话，你也要尊重他的这种态度。一个正在接受化学治疗的人说，她最感激一个朋友的关怀。那个朋友每天给她打一次电话，每次谈话都不超过一分钟，只是让她知道他惦记着她，但是并不坚持要她报告病情。

说话要切合实际，但是要尽可能表示乐观

泰莉·福林马奥尼是麻州综合医院的护理临床医生，曾给几百个艾滋病患者提供咨询服务。据她说，许多人对得了绝症的人都不知道说什么才好。

他们说些“别担心，过不了多久就会好的”之类的话，明知这些话并不真实，而病人自己也知道。

“你到医院去探病时，说话要切合实际，但是要尽可能表示乐观。”福林马奥尼说，“例如‘你觉得怎样’和‘有什么我可以帮忙的吗’，这些永远都是得体的话。要让病人知道你关心他，知道有需要时你愿意帮忙。不要害怕和他接触，拍拍他的手或是搂他一下，可能比说话更有安慰作用。”

主动提供具体的援助

一个悲恸的人，可能对日常生活的细节感到不胜负荷。你可以自告奋勇，向他表示愿意替他跑腿，帮他完成一项工作，或是替他接送学钢琴的孩子。“我摔断背骨时，觉得生活完全不在我掌握之中。”一位有个孩子的离婚妇人说，“后来我的邻居们轮流替我开车，使我能够放松下来。”

要有足够的耐心

丧失亲人的悲痛在深度上和时间上各不相同，有的往往持续几年。“我丈夫死后，”一位老人说，“儿女们老是说：‘虽然你和爸爸的感情一直很好，可是现在爸爸已经过去了，你得继续活下去才好。’我不愿意别人那样对待我，好像把我视作摔跤后擦伤了膝盖而不愿起身似的。我知道我得继续活下去，而最后我的确活下去了。但是，我得依照我自己的方法去做，悲伤是不能够匆匆而过的。”

在另一方面，要是一个朋友的悲伤似乎异常深切或者历时长久，你要让他知道你在关心他。你可以对他说：“我能理解你的日子一定不好过。但我觉得你不应该独立应付这种困难，让我帮你好吗？”

站在同一起点上，现身说法

失意者的情绪往往很浮躁，不能平静下来，如果在这种状态下，有个人拿自己类似的经历来说给对方听，一定能给他很大启发。

小陈不耐烦地坐在办公桌前，望着堆在面前的一沓沓报表，一点也提不起工作的兴致来。最近，公司里连续调整了几次人事，与他一起进公司的几个同事都升职了，而小陈却始终窝在原岗位上动不了。想起来心里真是憋屈："论业绩论水平，我哪点比他们差？唯一不到家的功夫就是不如他们会在领导那里溜须拍马。唉，现在这个社会，奉承也是一种本事啊！"

快下班的时候，小陈被乔副总经理叫进了办公室。中年的副总坐在宽大的办公桌后面，一副和蔼而又严肃的表情对小陈说："你最近好像情绪不太稳定？"语气中虽然充满着温和与关切，但小陈却分明感到了一种难以抗拒的威严。他忐忑不安地坐在一把椅子上，乔总不仅没有批评他，反而轻轻地叹了一口气，说："小陈啊，你是聪明人。今天找你来，我只想跟你讲一段我过去的经历，希望你听了之后能及时调整自己的心态。

"10年前，我从汕头大学读完硕士后，通过应聘进了这家公司。当时我在公司里年纪最轻，而学历却是最高的，因此，当时的老板胡先生非常赏识我。为了报答胡总的知遇之恩，我工作得格外卖力，很快就成为了公司的业务骨干，每次有重要的谈判，胡总经理都要把我带上。于是在大家心目中，我是胡总跟前的红人，而我自己也觉得前途一片光明。我相信，只要自己加倍努力，两年内升任为公司的中层管理人员应该是不成问题的。

“两年后，公司的人事部经理到了退休的年龄。大家纷纷猜测新的人事经理人选，都认为我是最佳人选。就在我自以为看到了曙光的时候，董事会的决定很快下来了，办公室的另一位姓黄的业务员被任命为新的人事经理。得到消息的一刹那，我真有些不敢相信：为什么平时胡总口口声声表扬我，还常常鼓励我好好干，有机会一定提拔我，而现在明明有机会了，却偏偏给了别人?

“第二天，胡总找我谈话了。他首先充分肯定了我的工作和能力，然后又说，小黄的工作也是很不错的，相比较来说，你的文字功底和社交能力更强一些，如果调你去人事部，一下子找不到合适的顶替人选，咱们部门就少了一把好手。而调小黄去，影响就会比较小些。况且大家都知道我对你很赏识，容易给人产生偏袒亲信的感觉。所以你要正确对待这次人事变动。虽然我的心里还是有些不快，但胡总的话都已经说到这份上了，我也不能再说什么了。

“过不了多久，办公室主任另谋高就离开了公司。我想这下不可能不再提拔我了吧，可是公司却在这时候戏剧性地出现一名新职员，随即又闪电般地将她任命为办公室主任。眼睁睁地看着又一次机会失去，我的心情低落到了极点。我想，看来胡总其实根本没把我放在心上，我再卖力工作也是无济于事的。从那时起，我在工作中产生了消极情绪，我要让大家特别是胡总看到，没有我的努力，公司的效益是会受到影响的。

“结果可想而知，情况越变越糟。不久，我就得知公司打算调我到一个不起眼的经营部去任经理的消息。那个经营部其实只是一个小杂货店，而且连年亏损，调我去那里，显然是在惩罚我。看来这次是真的惹恼胡总了，我开始焦急起来，想想自己这阵子的表现，也确实有些过分，我有些后悔，可又不知道该怎么办。那种矛盾不堪的心态折磨得我一连失眠了好几天。最后我想不如辞职不干了，虽然我很舍不得这份工作。

“就在我彷徨无助的时候，一天晚上，我的父亲突然问我，‘你们总经理不是一直都很器重你的吗？干吗不找他谈谈，把你自己的想法都跟他说说？’我说，‘我已经惹恼了他，哪还有脸面找他谈？’我父亲却说，‘真正赏识你的领导就和父母一样，只要你真心认错，哪会不给你改过的机会？如果他真的不原谅你，那说明他其实并不在乎你，再辞职也不迟。’

“最后我听从了父亲的劝告，主动找到了胡总。果然就跟父亲预料的一样，胡总不仅原谅了我的任性，还真诚地对我说，小乔啊，你跟了我这么久，居然不知道我的想法？有些事情我是很难跟你说明白的。提拔下属是件很复杂的事，要综合考虑很多因素。有时给人的感觉的确是不公平的。年轻人嘛，碰到这种事有想法也是正常的，关键是要学会调整心态，正确对待。其实最近我们已经考虑要提拔你为业务部的经理了，可是偏偏你没能挺住考验，给不少董事留下了不够成熟的印象，所以才考虑让你到闸口经营部去锻炼锻炼。既然你今天把心里话都跟我袒露了，那我看你还是留在我身边吧。”

说到这里，乔总打住了话题，这以后的事情，小陈也知道了。乔总今天找他谈话的良苦用心，更是令小陈感动不已，因为在这之前，自己也几乎要冲动地递出辞呈了。小陈站起身来，真诚地向乔总鞠了一躬，说：“谢谢您，乔总，请您放心，我知道今后该怎么做了。”

乔总的现身说法达到了劝说小陈的目的。

意识唤醒法使其走出悲伤阴影

世事无常，人有时难免陷入失意之中，这是因为自我意识没有被唤醒。人的自我意识有很多种，比如年龄意识、性别意识、社会角色意识等。拿年龄意识来说，一般情况下，人到了某个年龄阶段就会出现某种心理特征，但有的人却迟迟不出现。这时，只要你点拨他一下，他就会醒悟，从而发生心理上的飞跃。正确的自我意识一旦被唤醒，人也就会从失意中振奋起来。

小姜的一个同学因患黄疸型肝炎被学校劝退休学，整天愁眉苦脸，总认为自己的病没有好转的可能，因而产生了悲观情绪，丧失了信心。小姜放假时，到这位同学住的医院探视他。一见面他就做出一副欣喜状，对这位同学说：

“哥们儿，你的脸色比以前好多了嘛！听医生说，你的黄疸指数已有所下降，这说明你的病情在好转啊！”

小姜的话客观实在，使朋友的精神为之振作。于是，他乐观地接受治疗，加速了康复进程，不久便病愈出院了。

人在遇到各种变故的时候，总会不由自主地心烦意乱，甚至悲观郁闷，有些人往往会因为自己的身心状况不佳而更加失落。这时，作为一个鼓励的人，你如果想给他们带来好心情的话，就应该抓住某些好的方面，适时予以积极的暗示，这样才有助于唤起他们的自我意识，使其鼓起希望的风帆，积极地生活。

上大四的小孙恋爱 3 年了，不久前女朋友不知何故跟他吹了。他很伤心，整天精神恍惚。他的班主任李老师知道此事后，特地赶来做他的工作。李老师一见面就说：

“我知道你失恋了，是来向你道贺的！”

小孙很生气，转身就走。

“难道你不问问为什么吗？”小孙停下来，等着听李老师的下文。

李老师说：“大学生都希望自己快点成熟起来，失败能使人的心理、思想进一步成熟起来，这不值得道贺吗？大学生的恋爱大多属于非婚姻型，一是大学生在学习期间不大可能结婚，二是很难预料大家将来能否在一个地方工作。这种恋爱的时间又不长，随着知识的积累，人慢慢成熟了，就有可能重新考虑对方，恋爱变局也就悄悄发生了。应该说，这是大学生心理成熟的一种重要标志，你这么放任自己的感情，是心理成熟还是不成熟的表现呢？另外，越到高年级，大学生越倾向于用理智处理爱情。这时，感情是否相投，性格是否和谐，理想和追求是否一致，学习和工作是否互助互补，都会成为择偶的标准，甚至双方家庭有时也会成为重点考虑的条件，这就是择偶标准的多元化。这种标准多元化更是大学生心理逐渐成熟的表现，也符合普遍规律。你女朋友和你分手是不是出于择偶条件的全面考虑？你全面考虑过你的女朋友吗？如何处理你这目前的感情失落，你该心中有数了吧？”

李老师先设置悬念——“祝贺你失恋”，把小孙从感情的泥沼中“唤”了出来，然后通过合情合理的分析，唤醒他的理智，多次用“大学生失恋不是坏事，而是心理成熟的标志”的观点来加以点拨。李老师就是通过一步步唤醒小孙的自我意识，使他认为该用理智来处理感情问题，从而约束自己的感情，恢复心理平衡。

失意者心中往往憋着一股劲儿，想要摆脱这种心理状态。鼓励他们的自我意识，也就是唤醒他们的自我意识，会使他们走出低谷，走向成功。

用“同病相怜”的经历来缓解对方压力

会安慰和激励人的人在说话上都是掌握了一定技巧的。

有一位中学教师，头脑灵活，在对学生的工作中很讲究策略，非常善于说服学生，做思想工作。

他的班上有一个男同学，人很聪明，升初中的考试成绩是全班第 3 名。可仅过半年，期末考试却落到班级第 27 名。这位老师左思右想，也找不出这位同学退步的原因。后来，他从侧面了解到，这孩子有尿床的毛病。被褥尿湿了，家长总是很恼火，这“丢脸”的事使他自惭形秽。因为精神上有负担，便影响了学习成绩。

面对这样一个棘手的问题，想要说服同学，解除他的精神负担，怎么办呢?

这位老师思考了两天，看了一些心理学方面的书籍，最后决定，在一天放学后，办公室人都走光时，找这位同学谈心。

扯了一些班里的杂事以后，老师问这位同学：“听说你会尿床，是不是？”

学生一听，脸“噌”地一下红了，头也垂得低低的。老师把他朝身边拉了拉，握住他的手说：“其实，尿床没什么大不了，我研究过，十几岁的少年儿童中，有相当一部分人都尿床，只不过是许多家长不声张罢了。”

学生一声不吭。老师继续说：“老师我也尿过床。”

“真的？”他惊奇地问老师。

“怎么不是，而且一连延续到初中快毕业。有时一夜尿两三次，睡梦中，我急死了，到处找厕所，找到一个墙角，拉开裤子就尿，结果就尿了一床。”

“哎呀，我也是这样。”他仿佛找到了知音，羞怯之情一扫而光。

接着，师生俩你一句我一句地扯开了“尿经”，讲到好笑的地方，一起放声大笑。这时，他们已没师生之别，好像两个“尿友”在交流经验。

“后来你是怎么不尿床的？”学生突然问老师。

“我啊，到了15岁就自然地不尿床了。”老师装着回忆的神情说，“那时我初中还没毕业，不知不觉地就好了。”

同学掰着手指算着：“我今年13岁，再过两年，我也会好了？”

“那当然！”老师肯定地说，“尿床不是病，到了发育的年龄，就会自然地好了，你用不着烦恼。”

当他们走出办公室的时候，学生已经轻松多了。

后来，由于家庭、老师的默契配合，那位学生终于放下了思想包袱，摆脱了困境，学习大有进步。

也许老师的“尿床”经历是编造出来的，然而却一下拉近了两人的距离，这样使劝慰和鼓励变得容易多了。

别人郁闷的时候多说理解的话

最近几年流行一个词：郁闷。所谓“郁闷”，也就是碰到了不顺心的事情，心情不好。在这个竞争激烈的社会，人们经常会碰到让人郁闷的事情，也经常会碰到正处在郁闷中的人。现在就出现了一个问题：对郁闷的人怎样安慰？说什么话比较好？正确的方式是：多说理解的话。

要想对郁闷的人说些理解的话，首先要弄清他为什么郁闷。如果不知道原因，随便地安慰一气，就可能火上浇油。有这样一则笑话：

有一位妈妈带着她的小宝贝出去，在公车上哄着她的宝宝。

有一位乘客很好奇地把头凑过来看了一下就说：“哇！好丑的宝宝！”

这位妈妈听了好难过，就一直哭，一直哭。

后来车子停到某一站，上来了一些乘客。

一位好心的乘客看她哭得那么伤心，就安慰她说：“这位女同志你为什么哭得这么伤心呢？凡事都要看开点，没有解决不了的事情嘛！好了，好了，不要再哭了。我去帮你倒杯开水，心情放轻松点嘛！”过了一会儿，那位乘客真的倒了一杯水给她说：“好了，别再哭了，把这杯水喝了就会舒服一点，还有这根香蕉是给你的猴子吃的。”

这位妈妈听了，差点没晕过去。

笑话里面的那位好心的乘客还没有弄清女同志为什么在那儿哭，就随便安慰一通，当然会驴唇不对马嘴了。所以说，首先应该知道别人郁闷的原因，然后对症下药，才能说出真正理解人的话，达到安慰的目的。

探病时要善于安慰病人

对于身患绝症的病人，只能把病情如实告诉其家属，而对其本人，则应重病轻说。如果假话唤起了他对生活的热爱，增强了他与病魔斗争的意志，就有可能使其生命延续得更长久，甚至战胜死神。

善良的假话是为了减轻不幸者的精神压力，帮助其重振生活的勇气。即使此人以后明白了真相，也只会心存感激，不会有所埋怨。即使当时半信半疑，甚至明知是谎话，通情达理者仍会感到温暖、安慰。明知会加重对方的精神痛苦，但仍要实言相告，即使不算坏话，也该算是蠢话。去探望病人时，如说话不当，不但不能起到安慰病人的作用，反而会使对方更加烦恼，带来不好的影响。

有一位青年去探望久病的舅母时，关切地询问她："您饭量可好？"谁知一句问候话，却引来病人满面愁容。她忧心忡忡地说："唉！不要谈它了！"弄得这位青年十分尴尬，只讷讷地说几句安慰话后，不欢而别。原来，他舅母病势沉重，而最苦恼的就是吃不下饭。他问到的正是病人日夜忧虑的问题，顿时勾起病人的烦恼，以致谈话气氛极不愉快。

可见，探视病人时还要注意谈话内容和技巧。那么，该如何做呢？

探望身患重病的不幸者，不必过多谈论病情，谈话不要触到病人最难受的病处，以免病人心烦。如果对方本来就背着沉重的精神包袱，不能大吃一惊地问："您的脸色怎么这样难看？"而要说："这儿医疗条件好，您的病一定会很快好转的。"

探望时较好的谈话方式是：先简要问问病情，然后多谈一谈社会上生动有趣的新闻，以转移对方的注意力，减轻精神负担。久居病室，这种新消息正是他渴望知道的。如能尽量多谈点与对方有关的喜事、好消息，使他精神愉快、心情舒畅，则更有利于他早日康复。

尽量多谈一些使病人感到愉快、宽慰的事情。安慰病人，目的是为了让他精神放松，早日恢复健康，所以，绝不能把有可能增加其忧虑和不安的消息带去，还要避免谈论可能刺激对方或对方忌讳的话题。然而一般来说，病人总要对探病者讲讲自己的病情和感觉，这时应该认真聆听，并从中发现一些对病人有利的因素，以便接过话题，对病人进行安慰。例如病人说过“胃口不错”的话，探望者就可以借题“发挥”，多讲些胃口好对战胜疾病的重要意义，使病人认同这是个有利条件，从而增强战胜疾病的信心。

人生病了，从哪个角度去讲都没有积极意义。但是，为了让病人宽心，我们完全可以换个相反的角度，从人生的过程着眼，赋予生病一些价值与意义，使病人觉得自己尽管耗损了身体，耽误了工作，却一样能够收获一些特殊的体验或能力，从而在精神上有一种补偿感。当然，在此之前最好先强调一下病人病情好转，使其具备一个深入思考的心理基础。

例如，某人去看望朋友，他一反惯例，既不问病情也不讲调治方法，而这样安慰道：“看来，你的危险期已经过去，这就好了。今后，你就多了一种免疫功能，比起我们，也就增加了一重屏障，这种病，也许就再也不会打扰你了！”探病者对生病意义的看法颇为独到。他先指出病人的危险期已经过去，让病人稍感安慰，然后再强调生病虽然不是好事，但却使病人具备了别人没有的优势：对此病产生了免疫能力，今后不会再得此病了。病人听他这样一说，心理自然得到了某种补偿，心情也就好多了。

对于身患严重疾病的病人，探望时，不仅应该尊重医嘱，尊重病人家属的意愿，做到守口如瓶，而且在病人面前还要做到若无其事，甚至与之谈笑风生，显得轻松愉快。病人对周围亲友的一举一动一般是十分注意的。所以，要规劝病人的家属善于控制自己的感情，尤其是在危重病人面前，绝不能流露出自己的悲伤情绪，一定要表现得镇静自若。还要注意当病人有什么治疗上的要求时，应尽可能给予满足；病人托办的事，要千方百计去完成。在向病人告别时，要转达其他亲友对病人的问候和祝愿，并表示自己下一次一定会再来看望，使病人满怀希望和信心。

“月有阴晴圆缺，人有旦夕祸福”，谁都会有生病住院的时候，当亲友患病住院治疗，人们免不了要上医院去探视。然而，人们探视病人时的言语是否得当，将对患者的心理和情绪产生颇大影响。尤其是一些患者因为病魔缠身而产生抑郁、焦虑、怀疑、恐惧、被动、依赖及自怜等一系列消极情绪和心理波动时，倘若探视者的语言运用得好，将会使病人精神振作，进而积极配合治疗，有利于恢复健康。因此，它是抚慰患者心灵的一剂“良药”。若是探视者言语失当，将会对患者构成颇大的心理压力，影响治疗效果。

所以，在探望病人时，尤其是身患重病的人，就不要过多谈论病情，不要触到病人最难受的症状，以免病人心烦。

1. 探望时较好的谈话方式

先简要问问病情，然后多谈一谈社会上生动有趣的新闻，以转移对方的注意力，减轻精神负担。久居病室，这种新消息正是他渴望知道的。如能尽量多谈点与对方有关的喜事、好消息，使他精神愉快，心宽体胖，更有利于早日康复。

2. 探望病人时的语言忌讳

前往医院探望病人时，有些话是千万不能说的。我们一定要注意这方面的语言忌讳，以免踏进雷区。

例如，对一个有癌症之嫌的病人，你当不会傻到一见面，就对他说：

“据说你患了癌症，是不是真的？”

虽然不至于如此，然而，却有很多人采取相近的说法。那就是：当获知了对方的病名以及病态之时，如此说：

“听说你心脏不好，真是难治的疾病呢！”

或者：

“哟！你的热度好高，听说这是危险的信号哩！千万要小心啊！”等等的说辞。

只要你探望过病人，你就不难明白一个事实，那就是：病人四周的人，并不一定向他诉及实情。因为病人的感情是脆弱的，心志已不够坚强了。这时，如果你是处处为病人着想的话，那就不该把实情全部告诉他，你应该把病名及病情稍微改变一下“面目”，然后轻轻松松地告诉他，切勿把听自医生或别人的消息，原原本本地告诉他。

有时，病人是会勉强撑起来招呼你的。这时，你切勿“表错情”地说：

“哎！你看起来比我想象的更有精神么！”

这实在是最没有心肝的说法。

这么一想之后，前往探病时，只要对方不讲话，你还是不要多说话较好。

用暗示性语言让他精神振作

有些病人往往因自己的疾病好转缓慢而灰心。这时，探视者如果能抓住病人在治疗过程中出现的某些症状缓解的依据，适时予以积极的暗示，将会消除病人的悲观心理，使其鼓起希望的风帆，积极配合治疗。有一个患黄疸型肝炎的病人通过一段时间的住院治疗，总以为自己的病没有好转，产生了悲观情绪，丧失了治疗信心。这时，一个亲戚前来探视，遂暗示说：“你的脸色比以前好多了，听医生说，你的黄疸指数已有所下降，这说明你的病情在好转！”这句暗示性语言，客观实在，使病人的精神倏然振作，于是，他乐观地接受治疗，加快了康复进程，不久便病愈出院了。

探望住院治疗的亲友时，应该多说些有利病人振奋精神、增强信心、促进疾病治疗和恢复健康的语言。倘若面对病情较重而丧失治疗信心的亲友，你说：“哎呀，你病得不轻啊，看你瘦成这般模样了。”这无疑会使病人的情绪雪上加霜，结果不言而喻。只要你言语得当，定会使病人在愉悦中走上健康之路。

在探望病人时，我们使用的更多的是安慰、鼓励、劝说性的话，那么在说这些话时，也可以运用让他精神振作的暗示性语言。

1. 运用安慰性语言时，可以代表他人暗示病人

探视者对患病的亲友病痛的安慰，是沁人心脾的。安慰性语言的力量比任何时候都显得重要，但如果运用暗示性的安慰，效果会更明显。例如，有个初患胆囊疾病的患者，因为疾病发作时疼痛难忍，加之一时未得到确诊而心理恐慌，大喊大叫。这时，患者的一个同事闻讯前来探望，并安慰说：“请你冷静一下，医生正准备给你做 B 超检查。你放心，这个部位不会有大病，我的一个亲戚和你有过相似病症，一查才知道不过是胆囊炎，容易治疗。”一席安慰话，似乎是一剂灵丹妙药，患者的情绪很快稳定了下来。

2. 运用鼓励性语言时，可用病人本身的优势进行暗示

当某些患者对自己疾病的治疗丧失信心时，若适时地给予真诚和符合客观事实的鼓励，就能在患者身上产生“起死回生”的作用。有一个年轻的建筑工人在高空作业时不慎摔伤，处于昏迷状态。患者在医院里苏醒后，觉得下肢不听使唤，遂怀疑自己将终身残废，萌生了轻生念头。患者的一个友人发现这一苗头后及时鼓励说:“你年轻力壮，生理机能强，新陈代谢旺盛，只要积极配合治疗，日后加强锻炼，肯定不会残废，这是医生说的，请你相信我！”短短几句鼓励话，使患者抛却了轻生念头，增强了治疗信心。以后的日子，患者不但积极配合治疗，而且坚强地投入到生理机能的恢复锻炼中，数月后即伤愈出院。后来他跟友人说:“要不是你适时给予我鼓励，我是无论如何也不会对恢复健康抱有信心的。”

3. 运用劝说性语言时，借助实际情况进行暗示

一些患者在治疗过程中，往往会因为手术的疼痛或怀疑有危险而产生恐慌心理，进而拒绝治疗。面对患者的这一心理障碍，人们去医院探望时，应该积极做些说服工作。尤其是一些颇具现身说法的劝说性语言，说服力更强、效果更好。有一个年老的胃癌早期患者，因为害怕剖开腹腔而拒绝手术。其家属虽一再劝说，都不奏效。一个做过胃切除手术的老朋友前来探视，他通过自己的亲身经历劝慰道:“你看我做了手术后恢复得多好。你还是早期，手术后更容易复原。所以，你不用害怕。”通过朋友的劝说，这个患者终于接受了手术。